AF366055

EXPOSITION

FRANCO-BRITANNIQUE

DE LONDRES 1908

EXPOSITION
FRANCO-BRITANNIQUE
DE LONDRES 1908

SECTION FRANÇAISE

CLASSES 13 et 14

RAPPORT

PAR

ÉMILE TERQUEM

LIBRAIRE-ÉDITEUR

CONSEILLER DU COMMERCE EXTÉRIEUR

MEMBRE DU JURY

RAPPORTEUR DES CLASSES 13 ET 14

PARIS

COMITÉ FRANÇAIS DES EXPOSITIONS A L'ÉTRANGER

Bourse du Commerce, rue du Louvre

1909

M. VERMOT, ÉDITEUR

AVANT-PROPOS

L'inauguration officielle de l'Exposition Franco-Britannique eut lieu le 28 mai 1908, en présence de :

S. M. Le Roi Edouard VII.

Et de M. Armand Fallières, Président de la République Française.

L'Exposition, ouverte sous les hauts patronages des notabilités anglaises et françaises, devait s'attendre à un grand succès : elle l'a obtenu. Les nombreux palais de cette nouvelle « great white city », disposés dans des parcs et des jardins, se présentaient agréablement et des attractions variées contribuaient, en formant un ensemble des plus réussis, à attirer et à retenir les visiteurs.

« Entente cordiale » telle était la dominante de cette importante Exposition réservée à deux nations voisines et amies. Elle s'est manifestée sous toutes les formes : en ville, des affiches répandues à profusion donnaient à leur composition variée une harmonie gracieuse, où l'Angleterre et la France faisaient fraterniser leurs drapeaux respectifs ; dans l'enceinte de l'Exposition, elle se présentait sous la forme d'albums, de gravures, de cartes postales, ou bien encore servait d'enseignes à nombre d'Exposants pour leurs stands et leurs produits.

L'ouverture des guichets avait lieu à 10 heures du matin pour se continuer jusqu'à 11 heures du soir ; à la nuit tombante, des illuminations éclairaient féeriquement tous les palais et généralement un feu d'artifice clôturait la soirée. Ainsi attirée, la foule n'a cessé d'animer l'Exposition ; le samedi particulièrement, où le travail à Londres s'arrête à une heure de l'après-midi, on a vu plusieurs fois un demi-million de visiteurs.

Une très grande quantité de nos compatriotes ont profité de cette manifestation pour traverser la Manche ; des délégations commerciales, sociales, ouvrières, ont été reçues cordialement.

De ces visites en Angleterre, des relations personnelles qui ont appris aux gens à se connaître, est résulté un bénéfice moral dont les conséquences sont inappréciables.

En ce qui concerne plus particulièrement nos Classes 13 et 14, les employés de la Librairie française, ceux de l'Association amicale des Commis libraires français, qui en avait pris l'initiative, ont été à Londres au nombre de cent cinquante, les 12, 13, 14 et 15 juillet. Un accueil sympathique et confraternel leur était réservé par les membres de la Publisher's Association, et les excursionnistes, à leur retour, enchantés de leur réception, de ce qu'ils avaient vu et appris, ont rapporté un petit bagage de connaissances pratiques qu'ils sauront mettre à profit plus tard.

Une carte postale de l'Entente cordiale
(*By permission of Valentine & Sons Ltd*)

ADMISSION DES EXPOSANTS

Le Groupe III A, dans lequel se trouvent comprises les Classes 11, 13, 14, avait son bureau ainsi composé :

> *Président :* M. MAINGUET.
> *Vice-Président :* M. LAHURE.
> *Secrétaire :* M. PICHOT.

Les Classes 13 et 14 qui font l'objet du présent rapport comprenaient les industries suivantes :

Classe 13 : Librairie, reliure, journaux, affiches.

Classe 14 : Cartes et appareils de géographie et de cosmographie, topographie.

Les membres du Comité d'admission pour la Classe 13 étaient :

MM. ALCAN (Félix), libraire-éditeur.

BASCHET (René), directeur de l'« Illustration ».

BLUYSEN (Paul), éditeur d'annuaires.

CARTERET (Léopold), libraire éditeur.

CHEVALIER (Paul-Émile), éditeur de musique.

COLLONGES (B.), administrateur des Écoles Berlitz.

DESCLOSIÈRES (René), libraire-éditeur.

DREYFUS BING. DALZE (Pierre), économiste.

FLOURY (Paul-Henri), libraire-éditeur.

FOURET (René), libraire-éditeur.

GAUTHIER-VILLARS (Albert), libraire-éditeur.

GILLON (Paul), libraire-éditeur-imprimeur.

GLEIZE (Jules), homme de lettres.

GRUS (Lucien), éditeur de musique.

MM. HACHETTE (Louis), libraire-éditeur.
     HETZEL (Jules), libraire-éditeur.
     JONES (John), publiciste.
     LAFITTE (Pierre), éditeur de périodiques illustrés.
     LAURENS (Henri), libraire éditeur.
     LAYUS (Lucien), directeur de l'« Annuaire Didot-Bottin »
     LE SOUDIER (Henri), libraire-éditeur.
     LE VASSEUR (Pierre-Amand), libraire-éditeur imprimeur.
     MAINGUET (Pierre), libraire-éditeur-imprimeur.
     MICHAUD (Léon), libraire-éditeur.
     NALECHE (Camille-Étienne de), directeur du « Journal des
       Débats ».
     PICARD (Alcide), libraire-éditeur.
     POULALION (Joseph), éditeur de musique.
     PUEL DE LOBEL (Gaston-Ernest), éditeur d'annuaires
     ROUVEYRE (Édouard), éditeur.
     ST-ANDRÉ DE-LIGNEREUX, reliures d'art.
     TERQUEM (Émile), libraire-éditeur.
     VERMOT (Maurice), éditeur-imprimeur.
     VUIBERT (Henry), libraire-éditeur.

Pour la Classe 14 :

MM. BARRERE (Henry), éditeur-géographe.
     ERHARD (Eugène), graveur-imprimeur géographe.
     FOREST (Joseph), éditeur-géographe.

Le 26 juin 1907, une réunion de tous les membres des Comités
d'admission fut provoquée pour la constitution du bureau qui à
la suite du vote fut ainsi composé :

Président :   M. FOURET (René), libraire éditeur.
Vice-Présidents : MM. BASCHET (René), directeur de l'« Illustration ».
                     CHEVALIER (Paul-Émile), éditeur de musique.
                     GAUTHIER-VILLARS (Albert), libraire-éditeur.
Secrétaire :   M. TERQUEM (Émile), libraire-éditeur.
Trésorier :   M. BARRERE (Henry), éditeur-géographe.

Dès le mois de juillet 1907, la circulaire suivante était adressée à tous les intéressés :

Monsieur et Cher Confrère,

L'Exposition Franco-Britannique qui s'ouvrira à Londres en mai 1908, sous le haut patronage des deux gouvernements, promet d'être d'un intérêt exceptionnel pour les industries françaises.

Les sympathies mutuelles, les rapports commerciaux qui existent entre les deux pays, l'Exposition à Londres, la ville la plus commerçante et la plus visitée du monde, doivent offrir à nos industries un champ d'action et d'avenir dont vous apprécierez l'importance.

Il importe que le Comité d'admission et d'installation de notre Classe soit fixé, le plus tôt possible, sur l'importance des installations de façon à lui permettre de se faire réserver les emplacements nécessaires ; aussi, nous vous prions très instamment de nous donner votre adhésion en principe; votre demande ne deviendra définitive qu'après décision du Comité d'admission et confirmation de votre part, après que les projets d'installation et leur prix vous auront été soumis.

Nous vous adressons avec la présente une formule de demande en double exemplaire, veuillez les remplir toutes deux et les adresser directement à Monsieur le Président du Comité Français des Expositions à l'Étranger, 42, rue du Louvre, à Paris.

Comptant sur votre précieux concours pour rendre notre participation digne de nos industries, nous vous adressons, Monsieur et cher Confrère, l'assurance de nos sentiments tout dévoués.

LE COMITÉ DES CLASSES 13 ET 14.

Rappel de cette lettre fut également envoyé le 10 septembre de la même année.

Les membres du Comité d'admission se sont réunis le 4 février 1908 ; dans cette séance, le Comité a désigné comme architecte M. de Montarnal, chargé de nos installations et qui, présent à cette séance, donne des renseignements sur l'Exposition de Londres et sur l'emplacement qui sera réservé aux Classes 13 et 14. Comme à toutes les Expositions précédentes, les installations nécessaires à ces industries doivent se composer de bibliothèques, de vitrines-pupitres et de surfaces murales sur cloisons ; l'établissement des prix au mètre est définitivement fixé.

Le 8 février suivant, une lettre-circulaire faisait part aux futurs

Exposants des conditions d'installation, les informant que la décoration et le modèle des bibliothèques et vitrines seraient d'un type uniforme et obligatoire, tout en laissant à chacun le soin d'aménager l'intérieur du meuble à sa convenance.

Les prix fixés pour le genre d'installation choisie, comprenaient les frais de toute sorte, depuis le transport aller et retour, jusqu'à l'installation, le gardiennage et la représentation et laissaient entrevoir une ristourne après le règlement définitif des comptes.

Le bureau du Comité d'admission devint celui d'installation ; deux réunions eurent lieu les 27 février et 7 mai 1908, au cours desquelles on examina les propositions de l'entrepreneur de vitrines. Sur les conseils de l'architecte, le choix s'arrête sur M. Cheminais, qui fournira tout le matériel des bibliothèques et des vitrines sous la direction de l'architecte.

M. Jean Kruger est nommé représentant à Londres : il donnera tout son zèle, toute son activité à la défense des intérêts des Exposants : enfin le gardien de classe qui paraît offrir toutes les garanties de travail et de probité, agréé par le Comité français, est désigné.

Les demandes d'admission définitives furent si nombreuses que les deux cents mètres qui nous avaient été réservés provisoirement ont été jugés insuffisants et que la Section a eu besoin d'un espace de trois cents mètres superficiels ; ceux-ci ont été entièrement occupés.

Dans la première semaine de mai, le Cercle de la Librairie centralisait dans ses locaux, les envois des Exposants. le nombre total des caisses était de 121, d'un poids global de 11.000 kilogs, l'expédition en fut confiée à la maison Sutton, de Londres, qui a amené avec régularité les colis à pied d'œuvre.

L'assurance de transport maritime aller et retour était traitée pour un montant de 75.000 fr.

Malgré tous les efforts faits pour avoir nos installations terminées au moment de l'inauguration, fixée au 14 mai, ou tout au moins lors de la présence à Londres, le 28 mai, de M. le Président de la République, tous les meubles n'étant pas encore en place. nous n'avons pu offrir à cette date qu'une installation provisoire ; ce n'est que dans la première semaine de juin que notre salon fut entièrement prêt à l'examen des visiteurs.

INSTALLATION DES EXPOSANTS

Le salon, ainsi que l'on en trouvera la description au graphique, avait 18 mètres de longueur sur 17 mètres de largeur, avec un chemin de circulation au centre de 5 mètres. On avait utilisé 22 corps de bibliothèques droites, mesurant 2 mètres de haut sur 1 mètre de largeur et 40 centimètres de profondeur.

Au milieu, un salon ayant une longueur de 5 mètres sur 3 mètres de profondeur, occupé par la maison Hachette et Cⁱᵉ, et leur faisant face, deux autres salons, ayant chacun 3 mètres de longueur sur 5 mètres de largeur pour les expositions respectives du « Monde Illustré » et de la maison Hengel et Cⁱᵉ.

A droite et à gauche de ces salons, des vitrines-pupitres ayant 4 mètres de long sur 2 m. 80 de large, divisées en deux parties soudées l'une à l'autre, et comportant des surfaces murales de 2 mètres de hauteur.

Au centre du chemin de circulation, un corps de vitrine-pupitre sans surface murale de 3 mètres de long sur 1 m. 75 permettait de loger 6 mètres d'installation.

La surface murale sur cloisons offrant une hauteur utilisable de 3 mètres, était employée pour les installations de gravures, cartes géographiques, illustrations, etc.

Le matériel choisi était en bois vikado ciré, ton acajou, d'un aspect clair et formant un harmonieux ensemble ; ces vitrines avaient déjà figuré à l'Exposition de Saint-Louis où elles avaient été fort appréciées.

Une bibliothèque collective était réservée pour les éditeurs, auteurs, compositeurs, dont l'importance des ouvrages ne nécessitait pas une installation particulière.

L'ensemble des Exposants dans les Classes 13 et 14 et réuni dans le salon, a comporté :

52 Éditeurs libraires,
 8 Éditeurs de musique,
11 Éditeurs de journaux et périodiques,
 7 Éditeurs-cartographes et graveurs,
 3 Éditeurs de gravures et graveurs,
12 Auteurs d'ouvrages littéraires et scientifiques,
 3 Auteurs compositeurs de musique ;

de plus la Chambre Syndicale des Éditeurs d'annuaires réunissait en collectivité 42 éditeurs d'annuaires.

En figurant sous les lettres :

A — La bibliothèque droite,
B — La vitrine-pupitre avec surface murale,
C — La vitrine pupitre sans surface murale,
D — La surface murale au-dessus des vitrines pupitres,
E — La surface murale sur cloisons,
F — Les ouvrages destinés à la bibliothèque de la collectivité

nous trouvons qu'il a été employé :

22 mètres bibliothèque A,
29 mètres vitrine B,
13 mètres vitrine C,
12 mètres surface murale D,
23 mètres surface murale E,
 3 Salons,
 3 Stands pour expositions spéciales.

Emplacement pour 130 ouvrages littéraires et compositions musicales F.

Ces diverses installations ont été occupées par les Exposants dont les noms sont mentionnés aux pages ci contre.

CLASSE 13

LIBRAIRES-ÉDITEURS

N. B. — La lettre suivant le nom de chaque firme, indique le genre de mobilier choisi, et, le chiffre, l'emplacement figuré au plan graphique qui accompagne la nomenclature.

Annuaire Didot-Bottin	Stand	53
Alcan (Félix)	A	3
Baranger Fils	G	35
Boyveau et Chevillet	Stand	51
Baillière J.-B. et Fils	D	63
Belin Frères	A	6
Cercle de la Librairie	BetE	13-62
Chambre Syndicale des Éditeurs d'Annuaires	B	1
Charles-Lavauzelle (Henri)	A	12
Conard (Louis)	G	43
Carteret (Léopold)	B	44 et 73
Delagrave (Charles)	B	22
Delalain Frères	B	23
Doin (Octave) et Fils	B	18
Delaplane (Paul)	C	38
Dunod et Pinat	A	17
Dorbon Aîné	F	13
Foulard (Charles)	B	28
Fayard (Arthème)	A	9
Ferroud (F.)	C	42
Floury (H.)	BetD	47 et 56
Gauthier-Villars	C	45
Guérinet (Armand)	B	34
Gratier A. et Rey (J.)	F	13
Hachette et Cⁱᵉ	Salon	48
Hetzel (J.)	B	21
Hollier Larousse et Cⁱᵉ	B	20
Juven (Félix)	A	10
Laurens (H.)	A	2
Le Soudier (H.)	A	4
Laveur (Lucien)	C	46
Librairie Armand Colin	A	5

ÉDITEURS DE MUSIQUE

ÉDITEURS DE JOURNAUX ET PÉRIODIQUES

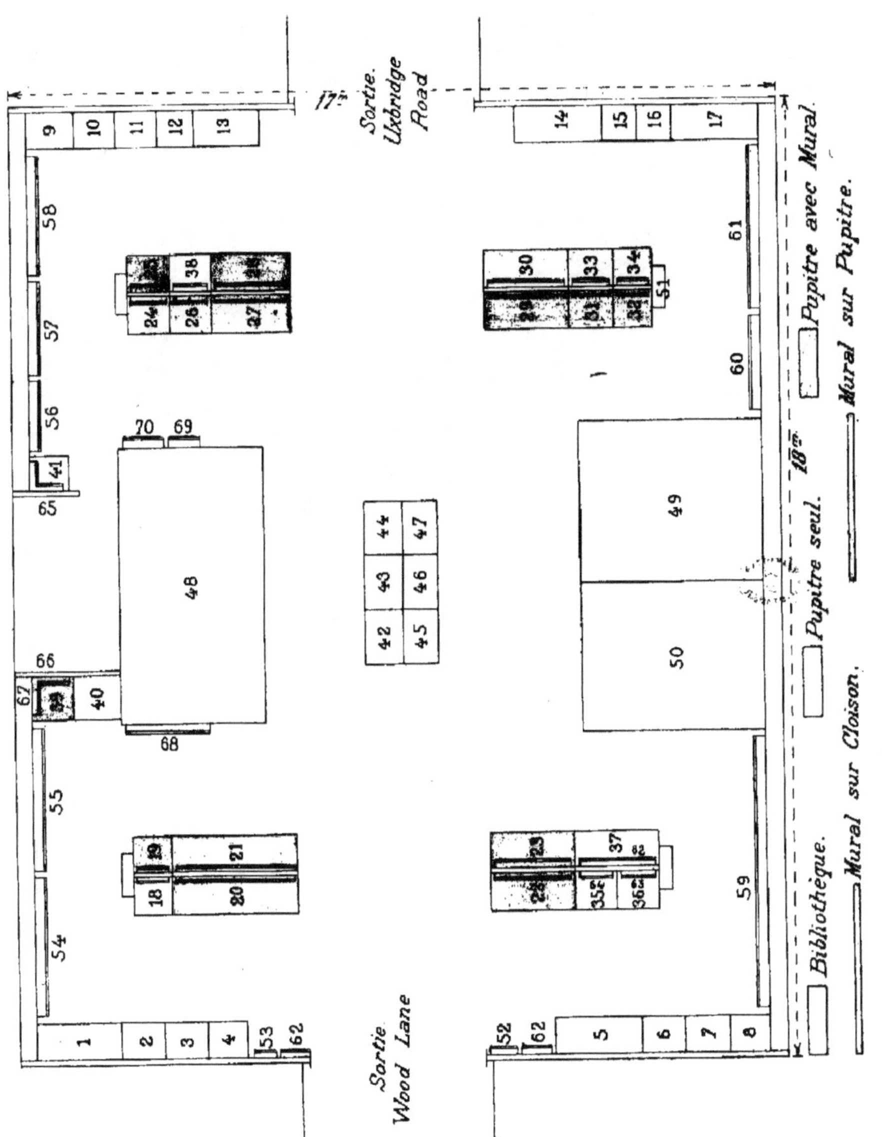

17m
Sortie. Uxbridge Road
Sortie Wood Lane
18m
Pupitre avec Mural.
Mural sur Pupitre.
Pupitre seul.
Mural sur Cloison.
Bibliothèque.
Pupitre

AUTEURS

ÉDITEURS DE GRAVURES

CLASSE 14

ÉDITEURS GÉOGRAPHES ET EXPOSANTS DE LA CLASSE 14

Raveneau (Louis), Auteur........................ F 5
Taride (Alphonse)............................... E 57
Wuhrer (Louis), Graveur........................ D 71

Indépendamment de la participation ci-dessus, il y a lieu de comprendre :

Exposant dans la Galerie des Machines :

La Compagnie Universelle du Canal Maritime de Suez.

Exposant dans le Pavillon de la Ville de Paris :

Le Service du Plan de la Ville de Paris.

Le Service de la Bibliothèque et des Travaux historiques de la Ville de Paris.

L'Inspection Générale des Carrières du département de la Seine.

La Direction du Cadastre de la Ville de Paris.

Exposant dans la Galerie des Machines :

Le Service Géographique de l'Armée du Ministère de la Guerre.

La manutention, les formalités en douane n'ont donné lieu à aucune difficulté de quelque nature que ce soit, les livres et tous les produits des arts graphiques entrant en franchise en Angleterre.

Palais des Beaux-Arts
(By permission of Valentine & Sons Ltd)

DESCRIPTION

L'aspect général de la Classe de la Librairie et des Industries s'y rattachant, offrait un agréable coup d'œil.

Nous avions à honneur d'y venir en grand nombre et nous trouverons dans l'examen qui va suivre toutes les industries représentées, à l'exception toutefois de nos relieurs qui, à notre grand regret, se sont abstenus : toutefois, grâce aux ouvrages exposés avec reliure de luxe, par certains de nos collègues, on aura pu apprécier le bien fini de nos maîtres relieurs.

A tout seigneur, tout honneur ; nous examinerons en premier la participation du CERCLE DE LA LIBRAIRIE, car elle est plus qu'effective en tant qu'exposant, le Cercle étant pour ainsi dire le trait d'union entre toute Exposition et ses membres associés.

Le Cercle de la Librairie, de l'Imprimerie, de la Papeterie, du commerce de la Musique et des Estampes, a été fondé en 1847 ; il est un syndicat de toutes les professions qui concourent à la publication des œuvres de la littérature des sciences et des arts. Dans les superbes locaux qu'il occupe à Paris, 117, Boulevard Saint-Germain, il réunit dans ses services, 36 Chambres Syndicales, Sociétés ou Associations, toutes complétant, chacune dans sa sphère, le rôle du Cercle.

La « Bibliographie de la France », organe des éditeurs et libraires, est publiée toutes les semaines ; ce journal insère dans sa partie officielle les titres de tous les ouvrages, compositions musicales, cartes, gravures, dont le dépôt légal en France, au Ministère de l'Intérieur, est obligatoire pour tous les imprimeurs et éditeurs.

Sans entrer dans le détail des nombreux services rendus par cette puissante association et dont le journal forme pour ainsi dire la tribune du Livre, c'est surtout en matière d'exposition universelle et internationale qu'elle apporte une coopération effective : au

Cercle de la Librairie, se concentre la demande de participation à une Exposition à l'Étranger ; là, elle est examinée par le Conseil d'administration et si elle paraît être de nature à intéresser ses associés, ses bureaux se constituent dans ses locaux et tous les services, depuis les admissions jusqu'aux expéditions, sont sous sa direction.

C'est ainsi qu'ont été organisées pour ne parler que des plus importantes Expositions à l'Étranger, celles de Vienne, (1873), Philadelphie, (1876), Amsterdam, (1892), Chicago, (1893), Saint-Louis (1904), Liége, (1905), Milan, (1906).

Le Cercle de la Librairie prend en collectivité tous les Exposants ne désirant pas concourir pour une récompense individuelle ; partout où il apporte sa participation, il remporte plusieurs Grands Prix.

À Londres, le Cercle de la Librairie expose plusieurs années de la « Bibliographie de la France » et les diverses publications d'un caractère professionnel, il expose également sous d'élégants cadres, un certain nombre de gravures provenant du bureau de timbrage des estampes et publications de luxe. Établi depuis 1889, ce bureau de timbrage sous la surveillance de cinq membres, est chargé de veiller à l'exécution de la garantie du nombre d'épreuves tirées.

Le Cercle de la Librairie à Paris

LIBRAIRES-ÉDITEURS

Avant de passer à l'examen par ordre alphabétique de toutes les maisons d'édition qui par leur concours ont apporté une collaboration variée dans tous les genres, nous tenons à faire une mention toute particulière à la librairie Hachette et Cⁱᵉ, qui, dans un vaste salon spécial, a disposé une faible partie de ses innombrables publications.

La maison Hachette, non seulement est connue du monde entier, mais il n'est pas un coin de pays civilisé, où ses publications n'y soient exportées : elle a une très importante succursale à Londres.

Fondée en 1826, comme librairie purement classique, elle s'est transformée successivement par l'adjonction de toute une série d'ouvrages embrassant la littérature générale, les connaissances utiles, les publications de grand luxe illustrées, les ouvrages de vulgarisation comme ceux pour l'enfance et la jeunesse, des éditions de musique, les magazines et périodiques.

Tout serait à mentionner des productions de cette puissante librairie, si l'espace nous le permettait : nous nous bornerons à citer les dernières publications. Nous signalons l'important ouvrage en cours de publication d'Ernest Lavisse : « Histoire de France depuis les origines jusqu'à la Révolution », devant former 18 volumes in-8°. Rodocanachi : « La femme italienne pendant la Renaissance », ouvrage somptueusement illustré, Marcel Dieulafoy : « La Statuaire polychrome en Espagne », Jules Claretie : « Camille Desmoulins » « Albert Durer : Sa vie et son œuvre » Vidal La Blache : « La France », puis des relations de voyage et de colonisation rendues intéressantes par les belles illustrations qui les accompagnent ; parmi ceux-ci : Prince Scipion Borghèse, « De Pékin à Paris en automobile », Le Général Gallieni : « Neuf ans à Madagascar. »

Pour la jeunesse et l'enfance, voici les ouvrages de la « Petite Bibliothèque de la Famille », de la « Nouvelle collection pour la Jeunesse » de la « Bibliothèque Rose Illustrée », de la « Bibliothèque des Écoles et des Familles » et des albums en couleur pour enfants.

Dans la partie géographique, citons ce magnifique « Atlas universel » et les atlas, par Schrader. Rappelons encore pour mémoire l'admirable « Collection des Grands Écrivains de la France » ; de Daremberg et Saglio : « Le Dictionnaire des Antiquités Grecques et Romaines », dont la publication s'achève.

La librairie HACHETTE attirait l'attention du public par ses tableaux d'encadrement, montrant des dessins originaux destinés aux jolies publications qu'elle édite, parmi lesquelles « le Tour du Monde », « le Journal de la Jeunesse », « la Mode Pratique », « la Vie Heureuse », « la Lecture pour Tous », « Mon Journal ». Une telle maison propageant le goût de notre littérature et de notre art, est la fierté de l'industrie et de la librairie française.

M. Félix ALCAN, est depuis 1883, directeur propriétaire de l'ancienne maison « Germer Baillière », fondée en 1848. Cette librairie comprend la plus importante collection d'ouvrages philosophiques existant ; elle a puissamment contribué depuis trente ans au développement de ce genre d'études ; depuis le 1ᵉʳ janvier 1906, elle a joint à son fonds, celui de la librairie GUILLAUMIN et Cⁱᵉ, l'une des plus anciennes et plus importantes maisons d'édition pour les ouvrages d'économie politique et de science financière. La maison se consacre également aux publications d'enseignement supérieur dans les sciences médicales, physiques et naturelles ; en dix ans elle a ajouté à son fonds de médecine, 220 ouvrages nouveaux.

L'Exposition à Londres, de la librairie Alcan, comprenait ses importantes publications : la « Bibliothèque de Philosophie Contemporaine » (609 titres), la « Bibliothèque Scientifique Internationale » (111 volumes), la « Bibliothèque Générale des Sciences Sociales », la « Bibliothèque d'Histoire Contemporaine, ainsi que des volumes des principaux périodiques qu'elle édite : « Revue Philosophique » « Revue Historique », « Revue de Médecine et de Chirurgie », « Journal des Économistes », etc.

La maison J.-B. BAILLIÈRE et Fils, fondée en 1818, par J.-B. Baillière, est depuis près d'un siècle, dirigée exclusivement par les membres de la même famille, fils et petits-fils du fondateur. Cette

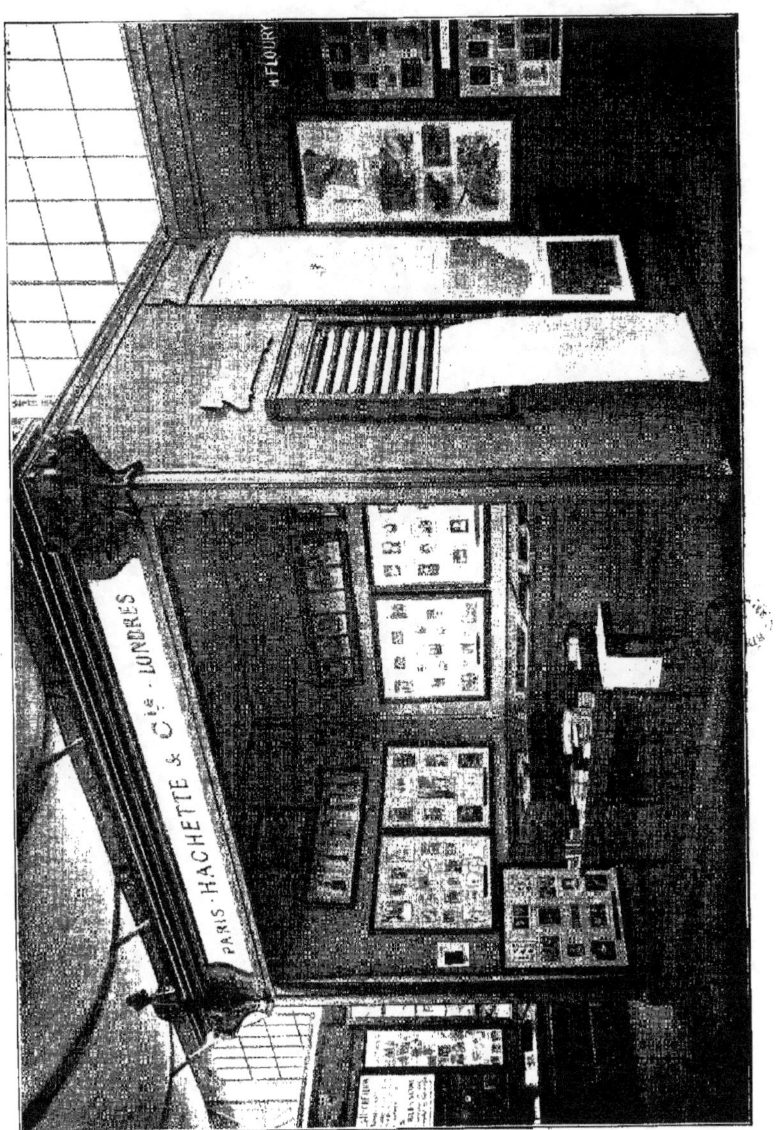

PARIS · HACHETTE & Cie · LONDRES
A FLOURY

maison s'est toujours consacrée aux sciences médicales et naturelles, à l'agriculture, l'horticulture, l'art vétérinaire, aux sciences physiques et chimiques et à l'industrie.

La librairie avait réuni sous un tableau, les divers spécimens de ses nombreuses publications, telles : « le Traité de Médecine et de Chirurgie », important travail en 20 volumes, « le Dictionnaire de Médecine et de Chirurgie pratiques », « l'Encyclopédie agricole » etc...

M. Baranger Fils, établi en 1896, avait exposé des ouvrages sur l'art appliqué à l'industrie, sur l'architecture et l'archéologie, ces publications s'adressant particulièrement aux architectes, dessinateurs et industriels.

La librairie Belin Frères, a été fondée en 1847, mais l'imprimerie Belin qui s'y rattache, existait déjà à la fin du xviii° siècle. Cette maison s'occupe exclusivement de la publication de livres et atlas correspondant à tous les degrés de l'enseignement, tous les livres sont entièrement fabriqués par la maison, impression et reliure (deux cent vingt employés y sont occupés) ; ils sont édités avec un soin parfait. Parmi les livres exposés citons : « les Choix de lecture » de Lanier, « les Méthodes de Lecture », « le Dictionnaire Bénard, » « les Histoires » par Blanchet, les ouvrages de littérature française et les superbes atlas de Drioux et Leroy.

MM. Boyveau et Chevillet, fondation 1840, libraires-éditeurs, publient des ouvrages concernant la finance et le commerce étranger et importent de la librairie étrangère. La maison édite un très ingénieux « Code Télégraphique Français » appelé l'A-Z dont les combinaisons codiques permettent un nombre illimité de phrases ; une clé peut au besoin rendre les communications secrètes.

M. Carteret (Léopold), ancienne librairie « Conquet », fondée en 1875, édite des publications d'art, tirées à petit nombre pour les bibliophiles et amateurs. Ces ouvrages sont généralement illustrés en gravures au burin et à l'eau forte, ou bien en gravures sur bois et sur papier d'une fabrication spéciale pour le livre à éditer.

Parmi les fort jolies publications qu'il nous a été donné de remarquer, citons : « Massenet », par Louis Schneider; « la Double Méprise », par Prosper Mérimée et « Colomba », par le même

auteur, ainsi qu'une foule de charmants petits volumes superbe
ment reliés.

La maison CHARLES LAVAUZELLE (Henri), fondée en 1831, a son
imprimerie et sa librairie des armées de terre et de mer à Limoges,
avec succursale à Paris ; elle emploie 500 ouvriers et employés.
Cette maison s'occupe exclusivement de publications militaires :
les livres sortant de ses presses ne laissent rien à désirer sous le
rapport de l'exécution : elle édite de nombreux annuaires spéciaux
à chaque arme du service et des ouvrages des meilleurs écrivains
militaires français et étrangers.

Son exposition à Londres consistait en ouvrages techniques,
annuaires et publications périodiques, intéressant spécialement
l'armée.

M. CONARD (Louis), établi depuis 1899, expose pour la première
fois. Cette maison d'édition d'ouvrages d'art a publié des livres de
luxe, d'un tirage limité : elle donne les plus grands soins à la typographie et à la reproduction des aquarelles. Citons : « Gringoire »,
Musset : « Les joyeusetés du roi Louis XI », Gebhardt : « Autour
d'une tiare », Akedessiril « L'Ami Fritz », travaux rehaussés de
fac-simile d'aquarelles du plus joli effet, et enfin quelques volumes
des « Œuvres complètes de Guy de Maupassant », superbe ouvrage
en cours de publication dont l'impression est faite par l'Imprimerie
Nationale.

L'origine de la librairie DELAGRAVE (Ch.) remonte à 1839. Cette
importante maison s'occupe de tout ce qui concerne la librairie
de l'enseignement : elle édite des ouvrages de littérature, des publications de luxe, indépendamment d'une très grande quantité
d'ouvrages classiques, de sciences, d'histoire, de géographie.

Dans son exposition, on remarquait : « le Dictionnaire Général de
la langue française », par Darmesteter et Hatzfeld, « l'Anthologie des
Poètes Français », « le Qui êtes vous ? », les ouvrages d'histoire de
la littérature française de MM. Brunetière, Pellisier, Lobée, une
variété d'ouvrages d'enseignement, d'éducation, de pédagogie,
puis des ouvrages artistiques soigneusement exécutés et quantité
d'ouvrages pour l'enfance et la jeunesse. La maison édite des
tableaux d'enseignement, le public a été frappé par ceux exposés
de la « Vie Enfantine », « de la Famille et l'alcool », ces tableaux
retenant mieux l'attention que tous les ouvrages sur ces sujets.

EDOUARD PELLETAN-PARIS
DIDOT BOTTIN

La maison DELALAIN Frères remonte à l'année 1764 et elle s'est transmise de père en fils.

Cette maison publie des livres classiques à l'usage de l'enseignement à tous les degrés et des ouvrages de législation et administration de l'Instruction Publique ; nous citerons dans son exposition : « la Nouvelle Collection Primaire Illustrée », avec gravures en couleur pour les tout petits, les livres-atlas de géographie contenant des cartes en couleur, le Ragot : « Dictionnaire allemand », des ouvrages d'enseignement d'après l'image pour le français et les langues étrangères, « le Vocabulaire de l'Enfance » et une quantité de livres classiques indiquant tous les progrès réalisés dans ce genre d'édition.

La librairie DELAPLANE (Paul), fondée en 1881, s'est spécialisée dans l'édition des publications classiques conformes aux programmes de l'enseignement primaire et de l'enseignement secondaire classique et moderne. Elle a exposé les ouvrages de Doumic, de Compayré, et la série des Grands Éducateurs et des Philosophes.

La maison DOIN (Octave) date de 1871 ; elle édite spécialement des livres sur les sciences médicales, physiques, chimiques, naturelles et sur l'horticulture. Dans son exposition, l'attention du public se portait sur son « Encyclopédie scientifique », ses volumes d'horticulture avec figures en similigravure et sur le Testut : « Traité d'anatomie topographique », dont les illustrations semées à profusion dans le texte et pour la plupart tirées en couleurs, fait le plus grand honneur à la maison qui les édite.

M. DORBON Aîné établi en 1900, expose quatre ouvrages parmi lesquels le plus remarqué est le Robida : « Vieilles villes des Flandres ».

La librairie H. DUNOD et PINAT remonte comme fondation en 1804 ; elle publie des livres sur les Travaux Publics et les Industries électriques, chimiques, mécaniques, minières et métallurgiques.

Il faut citer parmi son fonds : « l'Encyclopédie chimique » de Frémy, vaste monument élevé à la chimie sous toutes ses formes, la « Bibliothèque des Conducteurs de Travaux Publics » dont 61 volumes sont publiés sur les 73 qui compléteront cette série ; le Debauve : « Dictionnaire administratif des Travaux Publics », « le Dictionnaire des termes techniques », puis « la Revue de Mécanique », « la Revue de Métallurgie », « la Vie Automobile ».

La maison FAYARD, fondée en 1855, a révolutionné quelque peu la librairie en créant la *Modern Bibliothèque*, collection de volumes donnant pour o fr. 95 les œuvres des grands littérateurs français. Ces volumes sont imprimés sur papier couché avec illustrations d'après les aquarelles des meilleurs artistes et malgré leur bon marché, leur exécution ne laisse rien à désirer ; cette librairie publie également des éditions de vulgarisation et des journaux illustrés pour enfants.

M. FERROUD (François) succède à son frère André qui a fondé la maison en 1878, sous le nom de la « *Librairie des Amateurs* ». Celle-ci édite des ouvrages de luxe à tirages restreints, illustrés par l'eau forte ou le burin, imprimés en noir et en couleur. Dans la fort intéressante exposition de ces éditions, nous citerons : Louys : « Byblis », « la Tentation de Saint-Antoine ». Daudet : « La mort du Dauphin », ainsi que de très jolies éditions des œuvres de Gustave Flaubert, Théophile Gautier, Alfred de Musset.

M. FLOURY (Henri) fonda sa maison en 1895 ; il publie de superbes études illustrées sur l'art et les artistes qui sont des encyclopédies d'art moderne ; tout en les maintenant à des prix modérés, il n'épargne aucun effort pour doter ses ouvrages d'une documentation abondante et reproduite aussi parfaitement que possible. Sa collection des « Études sur quelques artistes originaux », qui s'enrichit tous les ans de quelques nouveaux volumes, en est un exemple. Imprimée avec le goût le plus sûr, ornée de riches illustrations, elle se présente sous une forme attrayante comme le montrent ses derniers volumes : « Daniel Vierge », « Manfra », « Rops » et dans la collection des « Maîtres de l'Art Moderne » : « Whistler », « Rodin », « Carrière ».

M. FOLLARD (Charles) succède à son père, établi en 1878 ; il se consacre à l'édition de livres d'art, d'ouvrages sur les Beaux-Arts avec reproduction par la gravure d'ornements anciens. Il a exposé pour les architectes et les amateurs, de fort intéressantes publications documentées, parmi lesquelles nous mentionnerons la collection de Martin Leroy, Deveaux : « Les faïences, les meubles, les décorations intérieures », et des ouvrages sur les châteaux, entre autres sur la Malmaison.

La librairie GAUTHIER-VILLARS, dont la fondation remonte à 1790, se consacre presque uniquement à la publication d'ouvrages relatifs

J.-F. RAFFAELLI, peintre et graveur.

Par ARSÈNE ALEXANDRE.

aux sciences mathématiques et physiques, ainsi qu'aux applications
de ces sciences.

Tout ce qu'elle édite est imprimé dans ses ateliers et l'on sait
avec quelle perfection ces livres scientifiques sont fabriqués. On ne
peut qu'admirer les splendides travaux sortis de ses presses, tels
que les « Œuvres de Lagrange, de Laplace, de Cauchy, de
Fermat », véritables monuments élevés à la gloire de ces savants.

Les périodiques scientifiques qu'elle fait paraître sont nombreux ;
le principal et si universellement répandu est : « Les Comptes
rendus des Séances de l'Académie des Sciences ». Parmi ses
annuaires, nous citerons les « Annales de l'Observatoire de Paris »,
et ceux attendus impatiemment tous les ans : « L'Annuaire du
Bureau des Longitudes » et « Connaissances des Temps ».

Tout appellerait notre attention dans le catalogue si compact de
cette librairie qui comprend les œuvres de tous les savants français,
parmi lesquels : Pasteur, mais le cadre restreint de notre rapport
ne permet pas pareille étude. Avant de le quitter, il faut cependant rappeler la grande collection de « l'Encyclopédie des Aide-
Mémoire », la « Bibliothèque photographique », « l'Encyclopédie
des Travaux Publics » et « l'Encyclopédie Industrielle ».

Si la participation de cette librairie à l'Exposition de Londres
a servi les intérêts de la science française et de notre commerce,
elle fait aussi honneur à M. Albert Gauthier-Villars, actuellement
Président du Cercle de la Librairie.

MM. Gratier (A.) et Rey (J.) à Grenoble, sont actuellement pro-
priétaires d'une maison fondée en 1859. Ils publient des ouvrages
de sciences et des éditions de luxe sur les Alpes. Parmi ceux qu'ils
ont exposés : « La Revue de la Houille Blanche », la « Meije et les
Ecrins », par Baud-Bovy, reproduisant en couleurs les illustrations
de Hareux, Ferroud : « Les Alpes du Dauphiné, les Alpes de
Savoie », sont accompagnés de nombreuses phototypies et méritent une mention particulière.

M. Guérinet (Armand) a sa maison établie depuis 1892, il publie
des ouvrages documentaires pour les artistes et les arts appliqués.
Son fonds nous offre environ cinquante mille clichés précieux aux
architectes, sculpteurs, peintres, fabricants de meubles et à tous
ceux que les arts appliqués intéressent.

Entre tant d'ouvrage de valeur et de goût exposés par cette
librairie, nous devons signaler spécialement : « les Monographies

de Châteaux », « les Grands Prix de Rome d'architecture ». « les
Monuments Historiques de la France ».

La maison HETZEL (J.). créée en 1842, a fait une exposition importante. Elle a été la première librairie fondée en France exclusivement pour la littérature à l'usage de la jeunesse et de la famille.
et notre génération sait combien elle a contribué à la captiver et à
l'intéresser par les œuvres de Jules Verne et d'Erckmann Chatrian.
D'importantes publications ont été éditées par M. Hetzel et le
public a pu se rendre compte à Londres, de la diffusion de livres
d'un texte charmant, que des illustrateurs de premier ordre ont
encore rendus plus attrayant par des nombreuses gravures. Parmi
les œuvres exposées on trouve à côté de la fameuse collection Hetzel,
les livres d'éducation et de récréation pour la jeunesse. les Œuvres de
Jules Verne, Victor Hugo, Erckmann Chatrian, P.-J. Stahl. Laurie.
E. Legouvé, Viollet Le Duc, Lucien Biart, Hector Malot, Th. Bentzon.
Cl. Clément, Alphonse Daudet, Jules Sandeau. etc.

Une telle maison honore la librairie française et contribue à
relever à l'étranger le prestige de notre saine littérature.

MM. HOLLIER, LAROUSSE et Cⁱᵉ sont libraires-éditeurs et imprimeurs depuis 1852.

Le nom de Larousse rappelle ce Grand Dictionnaire Universel
du XIXᵉ siècle en 17 volumes qui est célèbre dans le monde entier
et constitue la plus vaste des encyclopédies parues jusqu'ici. La
maison ne cesse d'enrichir son domaine encyclopédique. Au premier rang de ses superbes publications se place : « Le Nouveau
Larousse Illustré ». en 8 volumes in-4ᵉ, rehaussé de belles gravures ; son succès a été considérable. comme le prouve le chiffre
des souscripteurs qui, actuellement atteint le nombre de 185.000.
Pour enregistrer au jour le jour les faits nouveaux qui se succè-
dent dans la vie actuelle avec tant de rapidité, MM. Hollier et
Larousse impriment « Le Larousse pour Tous » et un périodique le « Larousse Mensuel ».

A côté des innombrables ouvrages classiques que cette librairie
édite pour les cours d'enseignement primaire et secondaire. nous
trouvons quantité de bons livres destinés à la jeunesse. puis des
travaux pratiques et enfin la belle collection in-4ᵉ Larousse où
voisinent « l'Atlas Larousse ». « le Paris Atlas », « Le Musée
d'Art », « l'Italie », l'Allemagne », « l'Espagne », etc.

COLLECTION HETZEL
ŒUVRES COMPLÈTES

L'exécution de tous ces volumes est de tous points parfaite et justifie la renommée universelle dont ils jouissent.

La librairie JUVEN (Félix) s'est fondée en 1890 ; elle édite des ouvrages de littérature générale, des romans, des livres d'histoire, des classiques et des périodiques. Nous avons remarqué de beaux livres pour l'enfance et la jeunesse ainsi que des albums pour petits et grands. Ses éditions sont d'un genre très varié, de nature à satisfaire tous les goûts, leur exécution est faite avec soin.

La librairie LAURENS a été fondée par la dynastie des Renouard en 1793. Depuis dix ans, l'activité de cette maison n'a fait que s'accroître dans ses publications sur les beaux-arts, l'enseignement et l'histoire, qu'elle présente éditées avec goût, en employant tous les genres et procédés d'illustrations. La maison revendique avec raison de vulgariser par ses collections le goût artistique, nous en trouvons la preuve par ses beaux ouvrages : « les Chefs d'œuvre à l'usage de la jeunesse », « Plume et Crayon », « Villes d'Art Célèbres », dont 37 volumes monographiés ont déjà paru, la série des Grands Artistes, collection d'enseignement et de vulgarisation patronnée par l'administration des Beaux-Arts, dont 47 volumes sont actuellement en vente, « les Musiciens Célèbres » (17 monographies parues), des Manuels d'histoire de l'Art et nombre de publications sur les Grandes Institutions de France et les Grands Musées de France.

Nous arrêtons ici cette description trop sommaire, mais elle suffit à montrer le but que la maison s'efforce d'atteindre en suivant toutes les manifestations de l'art vulgarisé.

M. LAVEUR (Lucien) a succédé à la maison Jules Rotschild, fondée en 1860. Il se consacre aux ouvrages sur les beaux-arts, les sciences, l'agriculture, les forêts, l'élevage et les sports.

Nous signalerons parmi les beaux travaux exposés : Dayot : « La peinture anglaise », Loliée : « La Comédie française », et de très jolies publications sur l'élevage, les forêts et l'agriculture ; l'exécution parfaite de ces éditions est à signaler.

La LIBRAIRIE ARMAND COLIN a été créée, en 1870 ; dès sa fondation, elle s'est occupée exclusivement de librairie classique ; elle a rénové les livres de classes qui, de sévères, sont devenus récréatifs et intéressants pour l'enfant. Pour les apprécier, rappelons-nous ce qu'étaient nos anciens livres d'écoles, et mettons-les en parallèle avec les cours de langue française de Larive et Fleury, les méthodes de lecture de Noel et Guyau, les géographies de Foncin.

La maison a donné une extension considérable à des publications qui, par les sujets choisis et la façon élégante dont ils sont édités, lui ont assuré un succès mérité.

Son catalogue est une mine inépuisable pour l'enseignement primaire, secondaire et supérieur aussi bien que pour la littérature générale. Parmi les œuvres qui font autorité, nous citerons parmi tant d'autres collections importantes les superbes éditions de Petit de Julleville sur « L'Histoire de la langue et de la littérature française », 8 volumes illustrés, de Lavisse et Rambaud : « L'Histoire générale du IVe siècle à nos jours », en 12 volumes ; « L'Atlas général Vidal Lablache ». Michel : « L'Histoire de l'Art » ; par Male, « L'Art Religieux » ; de Bérard : « Les Phéniciens et l'Odyssée » : de Sagonzac, « Voyage au Maroc ».

Il faut aussi mentionner ses « Pages choisies des grands écrivains », celles des Auteurs contemporains, « La Bibliothèque du Petit Français », les romans pour les jeunes filles, « La Bibliothèque des Dictionnaires manuels », toutes collections formées d'un grand nombre de volumes et qui s'enrichissent chaque année par de nouveaux ouvrages.

Nous ne saurions non plus passer sous silence, « Les cartes Vidal Lablache », « Les leçons de choses et de langage », « Les tableaux muraux d'hygiène, d'anti-alcoolisme, d'enseignement scientifique », ni ces ouvrages si connus que la maison destine à l'enfance et la jeunesse, ni enfin les périodiques relatifs à l'enseignement et aux sciences.

La librairie Armand COLIN est entre les mains de MM. Max Leclerc et Bourrelier qui s'appliquent à faire connaître leurs publications dans tous les pays et qui réussissent à faire apprécier à l'étranger l'esprit et le goût français, grâce à la merveilleuse manière de présenter leurs éditions.

La librairie LE SOUDIER (H.) a été fondée en 1874 ; elle publie des ouvrages de littérature, sciences, histoire, géographie, voyages, philologie, bibliographie et d'enseignement à tous les degrés.

Parmi ces publications nous ferons une place à part à la « Bibliographie Française », réunion de catalogues de nos éditeurs : elle est suivie de tables alphabétiques et va jusqu'à l'année 1900. Elle est continuée et tenue à jour par « Le Mémorial de la Librairie

Gravure extraite du Paris-Atlas édité par la Librairie Larousse

Française et par la « Bibliographie Française », 2ᵉ série, qui donne alphabétiquement, par noms d'auteurs et de sujets, l'état des publications parues de 1900 à 1904.

Indépendamment de ses éditions, la librairie H. Le Soudier contribue à la diffusion du livre français à l'étranger par son service de commission, elle importe également des ouvrages étrangers.

M. MARION (Marcel), à Orléans, dirige maintenant l'établissement fondé en 1835 par M. Herluison.

Il édite surtout des documents anciens et modernes concernant Jeanne d'Arc, et cherche à entretenir dans la région le culte de la petite Patrie, en mettant en lumière tout ce qui est à l'honneur d'Orléans ou à la gloire de sa libératrice.

A Londres, la maison a exposé, sous un cadre, les pages et estampes extraites de ses publications.

Les origines de la maison MICHAUD (Léon), de Reims, remontent à 1840 ; c'est une librairie de détail qui se complète par la publication de beaux livres d'art illustrés par les procédés de photogravure, de simili-gravure en noir et d'héliogravure en couleur. Elle édite également des ouvrages sur l'histoire de la Champagne.

Dans son exposition, nous citerons « La Chanson des Mois », avec illustrations de Maurice Leloir, livre somptueusement édité avec des héliogravures en couleur, puis Bazin : « Une vieille cité de France », et Joliœur : « Les ravageurs de la vigne ».

Tout nous fait espérer de nouvelles publications, aussi bien présentées, par M. Léon Michaud, président de la Chambre syndicale des Libraires.

La librairie NATHAN (Fernand), date de 1881 ; elle s'est spécialisée dans la branche de l'enseignement ; M. Nathan participe comme auteur technique à la fabrication et à la rédaction des volumes qu'il édite, car sa constante préoccupation, c'est l'adaptation parfaite des ouvrages à l'âge des élèves auxquels ils s'adressent.

Ses efforts sont couronnés de succès, comme le prouvent les nombreuses éditions de chaque volume publié par lui.

La participation de cette maison à l'Exposition de Londres a été très large : on s'est intéressé à ses livres si divers pour l'enseignement des langues vivantes et d'éducation, ses tableaux muraux pour l'instruction élémentaire et ses collections d'objets en nature pour l'enseignement de la langue maternelle et des langues vivantes. Toutes les publications de la maison Nathan ont un caractère spécial de simplicité et de clarté et se distinguent par la bonne façon dont ces livres sont édités, soit qu'on les examine au point de vue du sujet choisi, soit qu'on les étudie à celui de la fabrication proprement dite. Comme exemple, nous citerons « Les cours d'histoire » d'Ammann et Coutant, « La méthode de lecture », de Pierre Minet et Martin, et un amusant petit livre de « 30 histoires en images sans paroles, pour les petits », de Perrot et Fernand Fau.

La librairie PICARD (Alphonse) et Fils publie, depuis 1869, avec un soin parfait, des ouvrages d'histoire, de littérature et des sciences auxiliaires : l'archéologie, la philologie, la paléographie, la diplomatique et la bibliographie. Dans son exposition, l'attention se fixait spécialement, parmi tant d'autres très bien édités, sur « Le Manuel d'Archéologie française », par Enlard, « Le Recueil de fac-similés d'écriture du ve au viie siècle », par Maurice Prou, « La Collection de textes pour servir à l'étude et à l'enseignement de l'histoire », ouvrage en cours dont 40 volumes sont publiés, « Les Manuels de bibliographie historique », par Langlois, Stein et Molinier, « Le Manuel pratique du Bibliothécaire », par Albert Maire, « L'Histoire du Moyen Age aux périodes actuelles ».

La librairie PICARD (Alcide) a été fondée en 1880 et publie des ouvrages classiques pour les enseignements primaire et secondaire. Étendant son programme, elle a successivement donné une grande extension aux livres pour distributions de prix et aux ouvrages d'éducation populaire ; elle a enrichi également son fonds de « la Bibliothèque de l'Enseignement des Beaux-Arts » qui comprend à ce jour 60 volumes. Malgré leur prix très réduit, toutes les publications de cette maison sont très soignées et nous signalerons parmi les nombreux ouvrages exposés, ceux de psychologie à l'usage des écoles normales, surtout celui d'Alengry, qui, comme valeur pédagogique et édition, ne laisse rien à désirer.

La fondation de l'Imprimerie et de la Librairie PLON-NOURRIT et Ce remonte à 1840. On connaît la place prépondérante que cette maison a prise ; on sait que tous les livres qu'elle édite sont imprimés dans ses vastes ateliers où elle occupe un personnel de 350 personnes ; ce qui sort de ses presses est une merveille de goût et d'exécution. Les publications sont aussi nombreuses

CHARLES FOULARD - PARIS
PIERRE LAFITTE & Cie PARIS

que variées, la « Bibliothèque historique » comprend les importants ouvrages d'Albert Sorel, de Thureau Dangin, de La Gorce, de Vandal, etc. Les « Mémoires et Correspondances » comportent les noms du Général Baron de Marbot, de Mac Donald, du Prince de Metternich, de la Comtesse de Boigne. « La Bibliothèque de Romans et Littérature » contient les œuvres de Paul Bourget, de Margue rille, de Faguet, de Melchior de Vogué, la « Bibliothèque de Voyages » est des plus riches, elle nous initie dans tous les coins du globe aux relations de voyages de colonisateurs et d'intrépides explorateurs. La « Collection d'Albums », présentée sous une forme attrayante, amuse les grands et les petits avec le crayon de Boutet de Monvel, de Caran d'Ache et autres humoristes.

Les éditions d'ouvrages sur les Beaux-Arts se distinguent par leur grand luxe. Parmi les dernières, nous devons signaler : Paul Durrieu « les Antiquités judaïques et le peintre Jean Fouquet » « Le Forum romain et la voie sacrée », par Hoffbauer et Thedenat. « les Bucoliques de Virgile » avec les aquarelles de Giraldon. Henry Martin : « Le Terence des Ducs ».

Cette note trop succincte ne peut donner qu'une idée affaiblie de la production de cette maison hors de pair, qui est une de celles dont s'honore le plus l'industrie du livre.

M. PELLETAN (Edouard) a créé sa maison en 1896. Dans des publications d'art qu'il édite il a rajeuni la gravure sur bois que les procédés nouveaux avaient fait tomber en quasi désuétude. M. PELLETAN s'est inspiré du principe que le véritable luxe d'un livre doit s'entendre de la supériorité de l'œuvre écrite, de la beauté de l'illustration, de l'appropriation de la typographie, de la perfection du tirage, de la qualité du papier, et du nombre limité des exemplaires. Ainsi, il nous montre des œuvres remar quables parmi lesquelles il faut citer : « Le Misanthrope » de Molière, décoré de 26 compositions de Jeannot, A. France : « L'Affaire Crainquebille », illustré par Steinlein, du même auteur : « Sur une urne grecque » avec illustrations de Bellery-Desfontaines et « le Procurateur de Judée », illustré par Eugène Grasset. Men tionnons également Chateaubriand : « Les Aventures du dernier Abencérage », Gœthe : « Le roi des Aulnes », Maurice de Guérin : « Poèmes en prose ». Dans ces productions, tout concourt à satis faire le bibliophile et l'amateur.

Rivière (Marcel), jeune maison établie en 1902, se consacre à la vente et à l'édition d'ouvrages sur l'économie politique et la philosophie : il expose une excellente « Bibliothèque de philosophie expérimentale », ainsi que des ouvrages parlementaires.

La librairie Roustan (Georges), fondée en 1885, édite des publications officielles et parlementaires, ainsi que des ouvrages sur l'économie politique et sociale, les monnaies, les finances.

Nous signalerons parmi les travaux exposés, une remarquable « Encyclopédie Municipale de la ville de Paris », répertoire donnant les détails d'organisation de tous les services de la ville de Paris ; « les Débuts de l'Imprimerie en France », histoire avec reproductions ; « Etudes sur le Paris d'autrefois » en 6 volumes ; enfin une collection d'Annuaires du Parlement.

M. Rouveyre (Edouard) créa sa librairie en 1871. Depuis quelques années il a cédé la gestion de son fonds, tout en s'occupant encore de certaines publications. C'est ainsi qu'à Londres, il s'est contenté d'exposer des spécimens du fameux ouvrage des « Manuscrits de Léonard de Vinci », œuvre considérable de 32 volumes avec reproductions en fac-similé d'après les manuscrits originaux. Cette superbe publication fait le plus grand honneur à notre estimé confrère.

Mme Vve Schmid (Charles) est la propriétaire actuelle de la Librairie Générale de l'Architecture et des Arts décoratifs, fondée en 1870. Comme son titre l'indique, le genre de publications consiste en ouvrages d'art, d'architecture, d'art industriel, d'archéologie.

Les éditions sont remarquables par leur exécution matérielle, quel que soit le procédé employé, simili-gravure, héliogravure ou phototypie. Elles contiennent un texte clair et large. Beaucoup de ces publications étaient présentées à Londres : nous mentionnerons particulièrement « les Fragments d'architecture antique » d'Espouy, « les Cathédrales de France », l' « Encyclopédie du meuble, » « l'Entreprise des Monuments antiques », publication de l'Institut de France, « Sélinonte » d'après les envois de Rome, les Salons d'architecture et de fort beaux ouvrages de reproduction de dentelles et de broderies. Ces livres atteignent le maximum de perfection dans leur domaine et sont une aide puissante pour les architectes et tous ceux qui s'intéressent à l'art décoratif ou à ses dérivés.

La Société d'Éditions Scientifiques et Littéraires, F. R. de Rudeval et Cⁱᵉ, date de 1890. elle publie des livres de médecine, de sciences, des ouvrages de colonisation, d'agriculture et des œuvres littéraires. Nous citerons parmi les ouvrages exposés : « Les Manuels à l'usage des étudiants », « la Bibliothèque des Précis de médecine », la collection de la « Petite Encyclopédie Médicale », « l'Encyclopédie des Connaissances pratiques ». des ouvrages de voyage. des œuvres de littérature et des périodiques concernant les sciences médicales et mathématiques.

La Société Internationale des Écoles Berlitz a été fondée en 1878. L'on connaît le succès de la méthode Berlitz qui rayonne universellement : à Londres. la Société avait exposé des tableaux nous montrant des vues photographiques de l'enseignement de sa méthode à des Iroquois et à des Philippins à l'exposition de Saint Louis et l'enseignement de l'anglais à des agents de police à Paris.

Un certain nombre d'ouvrages pour l'enseignement des langues vivantes complétait la participation de la Société.

La Société de Propagation des Livres d'Art a été fondée en 1869. Le but de la Société est d'éditer chaque année un livre ou une gravure d'art délivrés gratuitement à tous ses membres et de décerner des prix à titre d'encouragement aux élèves qui se sont distingués dans l'étude du dessin. Mentionnons du « Iᵉʳ au XVᵐᵉ siècle ». Huys-mans : « La Bièvre et les Gobelins ». illustrations par l'eau forte d'une exécution artistique de premier ordre.

La Société anonyme de l'Annuaire du Commerce Didot-Bottin continue l'exploitation de cette fameuse publication créée par les Firmin Didot, en 1796. et Bottin. ce dernier a ajouté son nom à la langue française. car on ne désigne autrement que sous ce vocable ces inappréciables annuaires.

Tenu à jour. année par année, il a en outre trouvé dans ces derniers temps, le moyen de se perfectionner. Au lieu de paraître comme jadis en deux gros volumes trop compacts. le Bottin est actuellement divisé en cinq volumes maniables : le « Paris » en 2 volumes. les « Départements ». « l'Étranger » et le « Bottin Mondain » : non seulement ses mentions en ce qui concerne la France. sont rigoureusement exactes, mais il est le seul annuaire au monde, qui publie des renseignements sur tous les pays de l'univers.

Cette vaste entreprise toujours en progrès pour le grand bien du public, paraît sous l'habile direction de M. Lucien Layus.

La librairie TALLANDIER (Jules) a été fondée sous le titre de « Librairie Illustrée » en 1871 ; cette maison a pris une part des plus actives au mouvement littéraire et artistique sous toutes ses formes ; elle s'est efforcée de présenter des éditions parfaites de tout ce qu'elle a entrepris.

Nous trouvons à Londres, une exposition des mieux réussies de ses ouvrages, qui comporte un champ des plus variés, nous mentionnerons la série des grands ouvrages illustrés, où se trouvent la « Vieille France », texte et dessins de Robida. La « France Artistique et Monumentale », de Henri Havard. Les « Éditions Artistiques Illustrées », nouvelle série des chefs-d'œuvre de notre littérature d'un prix bon marché, malgré l'illustration vraiment artistique ; « la Grande Encyclopédie des Connaissances utiles », abondamment documentée, donnant l'ensemble des pratiques utiles, la série des mémoires et romans historiques, la collection de la Bibliothèque de Voyages et d'Aventures, et celles des volumes d'actualité de romans et nouvelles, A ces éditions, la maison a ajouté les éditions musicales, économiques, vulgarisation des chefs-d'œuvre de la musique, dont la vente obtient un gros succès.

Ajoutons que la librairie édite de jolis ouvrages pour l'enfance et la jeunesse, et de gracieux albums en couleur, avec des dessins amusants de l'humoristique Benjamin Rabier.

La maison TERQUEM (Em.) a été créée en 1877. Sa principale spécialité, est l'exportation du livre français aux Etats Unis, où a cette date, fort peu de libraires s'occupaient de nos productions. A la suite de nombreux voyages, de démarches inlassables, il a contribué dans une large mesure à développer un grand mouvement d'affaires, que d'importantes maisons d'exportation créées à la suite de son initiative, augmentent chaque jour, pour le plus grand bien de nos industries.

M. TERQUEM a édité aussi plusieurs ouvrages très appréciés, entre autres : Vallée : « Bibliographie des Bibliographies », « La Bibliothèque Nationale » du même auteur, et les « Méthodes linguistiques », de Marchand.

La librairie VERMOT (M.) a été fondée en 1885, pour la publication de l'Almanach Vermot ; le succès en est considérable et d'un grand

Armoiries des orfèvres de Paris
Extrait de l'ouvrage : HAUSER, *L'Or* (Vuibert et Nony, éditeurs)

intérêt par son texte et ses illustrations. M. Vermot imprime toutes ses publications, il est l'éditeur-imprimeur du catalogue officiel des dernières Expositions du Comité Français des Expositions à l'étranger, œuvres dont chacun loue la clarté et l'élégance.

La maison Vigot (Paul), s'est créée en 1890, elle édite un certain nombre d'ouvrages de médecine, de chirurgie et de sciences s'y rattachant, nous mentionnerons parmi les principaux ouvrages exposés : Carrière : « Maladies de l'appareil respiratoire », Lemoine : « Traité de pathologie interne », « la Collection de la Bibliothèque Anthropologique », celle de « l'Encyclopédie d'hygiène ». Toutes les œuvres présentées étaient de bonne exécution.

La librairie Vuibert et Nony date de 1876 ; elle publie des classiques d'enseignement secondaire et technique, de mathématiques, des plans d'étude, des programmes et des ouvrages de vulgarisation scientifique.

Ces travaux sont édités avec un grand soin ; nous citerons en particulier le « Livre de mes fils », par Doumer, « l'Or », par Hauser, de jolies éditions de vulgarisation sur les sciences naturelles, des ouvrages de sciences présentés comme livres d'étrennes, et « l'Annuaire de la jeunesse », guide indispensable à tous les pères de famille soucieux de l'éducation et de l'avenir de leurs enfants.

La Chambre Syndicale des Éditeurs d'Annuaires et de Publications Similaires, fondée en 1899, comprend 59 membres : elle a comme Vice-Président, notre confrère, M. Puel de Lobel, qui a réuni à Londres, sous une collectivité, les éditeurs d'annuaires, dont avec la nature de l'exposition, les noms suivent :

Agence Fournier, à Lyon, « Annuaire de Lyon ».

MM. Battet et Melchior, à Lille, « Annuaire des départements du Nord et du Pas-de-Calais ».

Bender (F.), « Livre d'Or des Salons ».

Charles-Lavauzelle (H.), « Annuaires militaires ».

Comité Central des Armateurs de France « Annuaire ».

Cussac (Jean), « Annuaire des valeurs inscrites ».

Crépin-Leblond, à Nancy, « Annuaires de Lorraine et du Département ».

Dunod et Pinat, « Annuaires techniques ».

Delmas (G.), à Bordeaux, « Annuaires divers ».

MM. Dubief (P.), à Villefranche-sur-Rhône, « Annuaires de Villefranche et Arrondissements ».

Dupué (L.), à Nice, « Annuaire des Alpes-Maritimes ».

Durand (P.), « Annuaire général des industries de l'éclairage,
du chauffage et de force motrice, par le gaz et l'électricité ».

Faller (Eug.), « Annuaire Paris téléphone et Annuaire Officiel du téléphone ».

Gout (Aug.) et Cⁱᵉ, à Orléans, « Annuaire du Loiret ».

Hachette et Cⁱᵉ, « Annuaires divers ».

La Fare (A.), « Tout Paris ».

Lahure (Alexis), « Annuaires divers ».

Lebon-Desmottes, à Pau, « Annuaire régional du Sud-Ouest ».

Loubat (J.), et Cⁱᵉ, « Annuaire des Ingénieurs de France ».

Micaux (J.) et Cⁱᵉ, « Annuaire du commerce du Hâvre ».

Muller (Arnold), « Annuaire de l'imprimerie ».

Pedone (Aug.), « Annuaire de la magistrature ».

Puel de Lobel, « Annuaires divers ».

Risacher (E.), « Annuaire des artistes ».

Ruzie (Maurice), « Annuaire ».

Roustan (G.), « Annuaire du Parlement ».

Vᵉ Sageret, « Annuaire du bâtiment Sageret ».

Schmidt (E.) et Cⁱᵉ, « Annuaire général du département de la
Somme ».

Seigneurie (A.), « Annuaire de l'épicerie française ».

Silvestre (Claude), Le Bois d'Oingt (Rhône), « Annuaire de
l'agriculture et des associations agricoles ».

Siraudeau (J.), à Angers, « Annuaire du Maine-et-Loire ».

Société Anonyme des Annuaires Paris et France adresses,
« Annuaire Paris adresses », « Annuaire France adresses »,
« Annuaire du commerce extérieur français ».

Société Anonyme Didot-Bottin, « Annuaire du commerce
Didot-Bottin ».

Société Française des Guides albums, « Guide-album des chemins de fer ».

Société Anonyme de l'Agence, Marseille, « Indicateur Marseillais », « Guide de l'Administration et du Commerce »,
« Annuaire du département des Bouches-du-Rhône ».

Stewart (Raoul), « L'Almanach financier 1908 ».

Thevin et Cⁱᵉ, « Annuaire ».

Viterbo (G.), « Annuaire de la Mode ».

EDITEURS ET AUTEURS

Les Auteurs dont les noms suivent exposaient les ouvrages mentionnés immédiatement après leurs noms.

MM.

BERR (Henri). — « Revue de Synthèse Historique ». Cette publi cation traite spécialement les questions de théorie historique et de méthodologie ; elle a contribué à donner aux études historiques, une orientation nouvelle.

BENOIT-LEVY. — « Revue Phono Gazette », revue illustrée traitant de questions intéressant la photographie, le gramophone et toutes les machines parlantes.

GUIFFREY (Jean). — « Inventaire général des dessins du Musée du Louvre et du Musée de Versailles, École Française 1907-1908 », remarquables publications à l'actif de son auteur.

HUET (Maurice). — « Guide international Paris-Londres-New York », de vulgarisation commerciale et industrielle.

LANQUEST (G.). — « Les guides de la Côte Normande », donnant l'historique de la Normandie.

LEBON (Ernest). — Ouvrages classiques de mathématiques, géomé- trie, algèbre, géométrie descriptive ; « Histoire abrégée de l'astro- nomie », couronnée par l'Académie Française ; « Mémoires origi naux sur les mathématiques et l'astronomie ».
Nos sincères félicitations à l'érudit savant, pour ses œuvres remarquables.

MEIGNEN (Eugène). — « Memento de l'automobile », traitant de tous les sujets se rattachant à cette industrie.

NORSA (C.). — « Annuaire commercial Franco-Anglais », donnant d'utiles renseignements concernant les deux pays. Chaque nou- velle édition apporte une amélioration notable.

OLIVIER (Em.), à Moulins. — « Revue scientifique du Bourbon- nais », publication créée depuis 1888, publiant des articles scienti- fiques intéressant principalement la région du Centre.

SCHMOLL (Louis). — « Les habitations à bon marché », étude approfondie sur cette question.

SCHWARTZ (Louis), Chef de secrétariat à l'Hôtel de Ville de Paris, nous montrait ses éditions artistiques, des relations de réception de la Ville de Paris, sorties des presses de l'Imprimerie Nationale. Elles comprenaient entre autres : « La visite de S. M. le Roi Édouard VII à l'Hôtel de Ville de Paris en 1903 » ; « le Voyage du Lord Maire à Paris en 1906 » ; « le Voyage du Conseil Municipal de Paris à Londres en 1907 ».

La cour d'honneur — Le Palais des Congrès
(By permission of Valentine & Sons Ltd)

GRAVURES

M. Hautecœur (Jules), propriétaire de la maison fondée en 1796, par Martinet, édite des gravures artistiques en taille douce, au burin et à l'eau forte ; il obtient également de très belles reproductions par la photographie en couleurs des fac-similé d'aquarelles et tableaux d'artistes en renom.

Sa belle exposition d'une cinquantaine de sujets présentés avec goût dans de jolis encadrements, a attiré l'attention des connaisseurs : parmi les gravures à l'eau forte et au burin, nous citerons des œuvres d'après Meissonier, entre autres le « 1807 » et le « 1814 », celles d'après les maîtres Millet, Jules Breton, Cabanel, Julien Dupré, Lhermitte, etc.

Outre les remarquables épreuves des maîtres, la maison à vulgarisé le goût artistique ; elle publie des gravures de choix à un prix raisonnable dans ses collections : « Musées et Salons », dans sa « Galerie artistique, sa « Galerie Moderne », ses « Estampes du XVIII° siècle », reproductions de gravures anciennes et encore dans ses « Estampes miniatures ».

MM. A. Le Vasseur et C°, succédant à la maison Abel Pilon, créée en 1851, sont imprimeurs d'estampes depuis 1885.

Toutes leurs estampes sont imprimées en taille douce, et les fac-similés d'aquarelles sont faits à la poupée et sur une seule planche. Leur imprimerie occupe un personnel de 55 ouvriers.

La participation de la maison exposant dans un cadre parfait de remarquables épreuves, a également retenu de nombreux amateurs de reproductions d'œuvres modernes d'après Etcheverry, Harris, Levy Dhurmer, Kaemmerer, Gervex, etc.

La maison publie les œuvres de Chaplin, les œuvres de Meissonier, des Estampes militaires, des collections dites « Miniature » et « Bijou » ; on comprend qu'avec de telles productions elle n'ait pu en présenter à Londres qu'une faible partie.

4

M. Gréningaire (Émile) s'est établi en 1884 ; il est graveur praticien, et il a obtenu des résultats uniques en travaux de luxe, par un procédé aussi simple que peu coûteux, qui offre, outre sa rapidité d'exécution, une grande facilité pour le repérage des couleurs.

M. Gréningaire avait exposé sous tableaux, des spécimens d'estampes, gravures, des illustrations de livres d'art et de décoration, des études de fleurs et de paysage, des menus et des cartes postales ; nous devons féliciter l'artiste graveur, car ses productions ont été aussi remarquées qu'appréciées.

Le Palais des Femmes
(*By permission of Valentine & Sons Ltd*)

ÉDITEURS DE JOURNAUX ET PÉRIODIQUES

Les Annales politiques et littéraires ont été fondées en 1883 sous la direction de M. Adolphe Brisson. Le succès a commencé dès sa publication, par la façon heureuse dont les articles se présentaient au public, c'est le véritable journal de famille impatiemment attendu toutes les semaines où chacun trouve l'article intéressant. Marchant de succès en succès, les Annales ont dû augmenter leur format et, s'établissant dans le magnifique hôtel de la rue Saint-Georges, l'Université des Annales fut décidée pour les cousines de cousine Yvonne (Mme Adolphe Brisson), ce journal de l'Université des Annales en fait le moniteur officiel des cours, des conférences et des comptes rendus des travaux.

Les Annales avaient exposé un tableau de l'Université mentionnant les nombreux cours et conférences donnés dans la période scolaire et des ouvrages de leurs collections ainsi que les œuvres de Francisque Sarcey : « Quarante ans de théâtre » et « le Journal de Jeunesse ».

Répandues universellement, des publications saines comme celles que nous venons de citer, contribuent à justifier à l'étranger le bon renom des lettres françaises et sont tout à l'honneur de M. et Mme Adolphe Brisson.

L'Art décoratif sous la direction de MM. J. Rambosson et Belville, date de 1898. C'est une revue d'art d'une exécution matérielle parfaite : elle édite également des volumes de luxe. Nous avons remarqué un bel ouvrage de Regnier : « Esquisses vénitiennes ».

L'Économiste Européen, fondé en 1892, a pour directeur M. Edmond Théry ; la collection comprend dans son ensemble trente volumes qui résument l'histoire complète du monde entier au point de vue économique, commercial et financier ; cette publication hebdomadaire s'est efforcée de faire connaître l'Angleterre et a toujours soutenu les avantages économiques d'une entente franco-anglaise, elle publie toutes les semaines une correspondance d'Angleterre qui est un véritable journal.

Les « Journaux spéciaux aux Expositions françaises à l'Étranger » sont publiés par M. GLEIZE (Jules); nous mentionnerons les publications exposées à Londres : L'Exposition de Hanoï en 1902-03, celles de Saint-Louis en 1904, de Liége en 1905, de Milan en 1906 et la dernière, l'Exposition Franco-Britannique en 1908.

Ces publications sont illustrées de documents relatifs aux expositions respectives.

LA GRANDE REVUE, Directeur M. Jacques Rouché se publie depuis 1895. D'une haute tenue littéraire elle occupe une place importante en littérature et en politique : elle exposait quelques volumes de ses collections.

L'ILLUSTRATION paraît régulièrement toutes les semaines depuis 1843, c'est dire l'énorme quantité de volumes que forme sa collection. Elle n'a cessé de progresser, d'apporter à son tirage des améliorations successives, depuis que M. René Baschet est le directeur de cette vaste entreprise; ses imprimeries et ses administrations devenues trop à l'étroit ont englobé d'immenses terrains au cœur même de Paris. L'ILLUSTRATION occupe 200 ouvriers et 60 employés. Ses numéros hebdomadaires contiennent de véritables surprises, ce sont tour à tour ou ensemble des pièces de théâtre en cours de représentation, des romans, des estampes qui méritent l'encadrement. On peut se faire une idée de l'impulsion donnée à ce périodique si l'on compare le chiffre de ses tirages qui étaient de 13.600 exemplaires en 1880, de 67.700 en 1905 et qui atteint celui de 103.500 en l'année 1908. Ces chiffres se passent de commentaires car ils prouvent assez la superbe tenue de cet illustré, universellement répandu.

A Londres, la participation de l'ILLUSTRATION était originale ; sous des cadres de forme ancienne, exposés en forme d'éventail, on pouvait admirer un très joli et curieux ensemble d'extraits de ses planches, une série des pièces de théâtre publiées et un certain nombre de croquis et dessins.

LE MONDE ILLUSTRÉ
LE MONDE·ILLUSTRÉ·PARIS

M. Jones (John-F.), dont la maison s'est créée en 1883, s'occupe principalement de publicité française et étrangère.

Il avait réuni à Londres, sous forme d'albums facilement maniables, une collection de journaux paraissant en France. Cette collection de grand intérêt, a fort attiré l'attention du public.

Le Monde Illustré, fondé en 1857, est un grand journal hebdomadaire, qui a toujours obtenu du public une faveur marquée que justifie la belle exécution de ses numéros. Le Monde Illustré est administré par M. Jean-José Frappa, qui apporte sans cesse des améliorations à cette publication si connue en France et à l'étranger ; en dernier lieu, il sert à ses abonnés des romans primes qui représentent par leur valeur, le prix payé pour l'abonnement.

Le Monde Illustré avait à Londres une somptueuse installation dans un salon qu'il s'était réservé ; de nombreux dessins originaux ayant servi à l'illustration faisaient l'admiration du public et un modèle de machine rotative à quatre couleurs montrait le puissant matériel que le Monde Illustré emploie pour ses impressions.

La Société générale d'éditions illustrées Pierre Lafitte et Cⁱᵉ s'est fondée en 1898. Dès ses débuts, elle a révolutionné par « Femina », le journalisme spécial de modes ; puis est venu « Musica », suivi par la « Vie au Grand air », continué par « Fermes et Châteaux » et le grand magazine « Je sais tout », dont la vogue a été considérable.

Toutes ces publications, éditées avec goût, ont eu un accueil empressé du public : ne se contentant pas de ces succès, la maison édite des livres de luxe, des romans, des ouvrages et albums pour enfants, tous soigneusement présentés.

Sa participation à Londres consistait en tableaux contenant des pages, des hors textes et des couvertures de livres et d'ouvrages publiés par la maison.

La Société anonyme du journal des Chambres de Commerce, créée en 1886, est une publication périodique bi-mensuelle, seul organe officiel des Chambres de Commerce.

La Société exposait à Londres, la collection de ses douze dernières années.

Le Syndicat de la Presse Parisienne, fondé en 1882, comprend les directeurs des journaux politiques de Paris, sans distinction d'opinions. Il a pour mandat de représenter la Presse auprès des pouvoirs publics, de veiller à la sauvegarde de ses droits et à la défense des intérêts professionnels ; le Syndicat avait exposé un tableau graphique donnant la composition des membres de son bureau.

Les colonies anglaises : Le palais du Canada
(By permission of Valentine & Sons Ltd)

MUSIQUE

Tout à fait au premier rang des éditeurs de musique, il faut placer la Maison Heugel et Cⁱᵉ, fondée en 1830, dont l'exposition à Londres était particulièrement remarquable par son luxe et sa variété.

Ses publications forment un monde, puisque le catalogue comprend plus de 25.000 numéros ; elles sont de plus conçues dans un esprit qui révèle le goût et le souci, non seulement de bien faire, mais aussi de faire utile. Tout ce qui concerne l'enseignement musical se trouve réuni là, depuis les tout premiers éléments jusqu'aux travaux définitifs de la haute composition et les collections des « Classiques Marmontel », des « Clavecinistes », du « Jeune Pianiste Classique », du « Pianiste Chanteur » de Bizet, des « Solfèges du Conservatoire » avec ses fameux « Tableaux-Géants », des « Gloires de l'Italie », de Gevaert, etc., etc., sont de véritables monuments érigés avec soin et compétence, autour desquels se groupent, en gradation absolument complète, les méthodes, les études, exercices, signés des noms les plus célèbres et les plus qualifiés.

Et, par delà l'école, voici les innombrables morceaux pour le piano, pour le chant et pour tous les instruments, les grandes compositions symphoniques et chorales ; voici, enfin, la musique dramatique qui, glorieusement, met à côté des chefs-d'œuvre anciens et des grands succès lyriques des maîtres du théâtre moderne, les efforts et les essais si intéressants et si dignes d'encouragement des jeunes compositeurs.

Ce sont aussi MM. Heugel et Cⁱᵉ qui, depuis 74 années, publient le journal hebdomadaire « Le Ménestrel » qui s'est, depuis longtemps déjà placé à la tête des publications spéciales sur la musique et le théâtre.

A une toute première place, il convient encore de mettre MM. Durand et Fils qui se signalent aussi par le luxe et la correction d'éditions très soignées : la maison a été créée en 1847. Parmi leurs publications, il faut arrêter surtout l'attention sur les très importantes collections des « Échos des Bonnes Traditions du Pianiste » et sur la « Bibliothèque des Classiques Français du XVIᵉ au XVIIIᵉ siècle » avec la superbe édition des œuvres complètes de Rameau. La maison Durand et Fils qui, en plus de très nombreux morceaux pour piano, pour chant, pour instruments et pour orchestre, a publié d'intéressants ouvrages d'enseignement, a également constitué une belle collection dramatique avec principalement les premières partitions de Wagner, toutes les œuvres de M. Saint-Saëns et les drames lyriques modernes de MM. d'Indy, Debussy et Dukas. Leurs éditions remarquablement éditées sont universellement connues et leur font grand honneur.

MM. Grus (M.) et Cⁱᵉ, dont la fondation de la maison remonte à 1898, se présentent à nous avec un important catalogue comprenant nombre d'ouvrages d'enseignement intéressants, entre autres une nouvelle méthode d'enseignement Josset et une série très variée de sérieux morceaux pour piano, pour chant et pour instruments divers, fort bien publiés. Leur bibliothèque dramatique importante comprend notamment des œuvres capitales de Donizetti, Herold, Godard, Rossini, Verdi, Holmès, Joncières, Gounod, Massé, Diaz et de MM. Gevaert, Bourgault-Ducoudray, Pierné, Maréchal, Missa, etc.

M. Joubert (C.), successeur des maisons Brandus-Maquet, fondées en 1840, possède aussi un important catalogue contenant d'intéressantes publications d'enseignement, nombre de classiques, beaucoup de musique instrumentale, et pas mal d'ouvrages lyriques célèbres signés de Donizetti, Auber, Rossini, Franck, Offenbach, Bellini, Planquette, Maillart, Meyerbeer, Weber, Adam, Berlioz, Flotow, Nicolo, Holmès, Brahms, Rubinstein, Maréchal, Lecocq, etc., etc., dont il a trouvé la plus grande partie dans l'ancien fonds Brandus quand il s'est rendu acquéreur de celui-ci. M. Joubert a aussi un très nombreux répertoire d'œuvrettes théâtrales jouées dans les petits théâtres ou au café concert.

AU MÉNESTREL · HEUGEL & Cie · PARIS
AU MÉNESTREL · HEUGEL & Cie · PARIS
FOREST

AUTOGRAPHE DE J. MASSENET

(Fragment de l'Air des Roses, dans *Ariane*)

Communiqué par MM. Heugel et Cie, Paris

M. Sporck (Georges), ancien élève du Conservatoire de musique de Paris, compositeur et professeur, a publié lui-même ses œuvres. Notre attention a surtout été attirée par une série d'ouvrages didactiques sur les classiques du piano, présentés d'une façon nouvelle et heureuse, parmi lesquels nous citerons les analyses des sonates de Mozart et de Beethoven.

M. Poulalion (J.) a créé sa « Maison Musicale » en 1884. Parmi ses dernières publications, il faut signaler le ballet de M. Busser représenté à l'Opéra, « La Ronde des Saisons ».

M. Ganne (Louis) a exposé quelques-unes de ses partitions publiées par ses éditeurs entre autres « Phryné au Japon », « Les Saltimbanques », « Hans le Joueur de Flûte ». La personnalité artistique de M. Louis Ganne, qui a obtenu avec plusieurs de ses morceaux des succès retentissants, tient lieu de toute appréciation.

Éditeur de musique légère, M. Dicou de-Diodet s'est attaché à présenter de façon plus artistique les productions de café-concert et aussi, à en relever le niveau. Dans son catalogue figurent plusieurs succès populaires en valses et mélodies de salon.

A M. Salabert, également éditeur de morceaux légers, on peut aussi adresser des félicitations sur la façon dont il sait présenter les œuvrettes qu'il édite et parmi lesquelles on relève des succès mondiaux comme la « Valse Bleue ».

MM. Voitellier et Thomas comme auteurs, exposent respectivement leurs partitions.

Nous regrettons que les maisons d'éditions musicales anglaises dont plusieurs sont aujourd'hui d'importance, n'aient pas cru devoir figurer à l'Exposition Franco-Britannique, où, comme on vient de le voir, l'audition musicale française était si grandement et si dignement représentée.

LA CARTOGRAPHIE FRANÇAISE ET ANGLAISE
A L'EXPOSITION DE LONDRES [*]

La cartographie française et anglaise était représentée à l'Exposition Franco-Britannique par les Services publics tels que le Service Géographique de l'Armée, l'Ordonance Survey et un certain nombre d'éditeurs et de cartographes qui avaient tenu à honneur de montrer quelques spécimens de leurs publications.

Sans vouloir entrer dans les considérations d'ordre scientifique qui ont déterminé la France et l'Angleterre à adopter telle ou telle échelle pour la publication de leurs cartes, ni prétendre discuter les méthodes employées pour les levers topographiques dans ces deux pays, ce qui serait sortir du cadre de ce rapport, il est cependant intéressant de donner un aperçu général de leurs établissements cartographiques et de leurs productions.

Service Géographique de l'Armée. — En France, le Service cartographique officiel est à peu près concentré entre les mains du Service Géographique de l'Armée autrefois « Dépôt de la Guerre ». C'est par ses soins qu'a été dressée la carte de France au 80.000ᵉ, base actuelle de toutes les cartes existantes et dont l'établissement a demandé près d'un demi-siècle. Cette carte, souvent critiquée, a subi de nombreuses révisions, elle est évidemment insuffisante comme échelle pour certaines études. Aussi est-il question de publier une carte au 50.000ᵉ dessinée d'après les levers au 10.000ᵉ qui font le plus grand honneur à nos officiers topographes. Neuf feuilles de la région parisienne ainsi que quelques feuilles des environs de Lunéville, ont été publiées et figurent à l'Exposition.

(*) Je dois à mon honorable collègue du Jury à Londres, M. Henry Barrère, éditeur géographe, les notes relatives à la cartographie française et anglaise qui formait une spécialité importante de nos Classes.

Malheureusement l'insuffisance de crédits dont dispose le Service Géographique de l'Armée ne permet pas d'en pousser activement la publication. Bien que cette carte soit un grand progrès sur la précédente, il est cependant regrettable que l'on n'ait pas adopté une échelle plus grande et profité des nouveaux travaux géodésiques et topographiques pour établir une carte cadastrale qui serait de la plus grande utilité pour nos services publics. Nous aurions un document comparable à celui de l'Ordnance Survey et qui constituerait une supériorité.

Les travaux effectués en Algérie et en Tunisie, sont aussi des plus remarquables. La carte de ces deux pays est publiée, pour la partie nord, à l'échelle du 50.000ᵉ et une réduction en est faite au 200.000ᵉ qui s'étendra à l'Extrême-Sud. Une carte au 100.000ᵉ est également faite pour la Tunisie. Ces cartes sont imprimées en couleur et reproduites par le procédé de l'héliogravure sur zinc, généralement employé par le Service géographique de l'Armée.

Parmi les autres productions figurant à l'Exposition Franco-Britannique, il importe de signaler quelques assemblages de la France au 200.000ᵉ, qui comprennent aussi une partie des pays limitrophes, des spécimens de cartes au 1.000.000ᵉ, Balkans, Amérique centrale, Asies, établies conformément au vœu émis dans les Congrès internationaux de géographie.

Service du Plan de Paris. — Le Service du Plan de Paris avait exposé dans le Pavillon spécial de la Ville, ses différentes publications. Il importe de signaler avant tout le plan cadastral de la Ville de Paris à l'échelle du 500ᵉ, qui comprend plus de sept cents feuilles, et donne non seulement les alignements des voies, mais encore l'emplacement exact et les limites de toutes les propriétés. L'atlas municipal au 5.000ᵉ en 16 planches et par arrondissements est d'un usage plus pratique. L'inspection générale des Carrières dresse aussi un plan des carrières souterraines de Paris du plus grand intérêt.

Le Service de la Bibliothèque et des Travaux historiques avait exposé des reproductions de plans anciens.

Ordnance Survey. — De tous les services géographiques du monde « l'Ordnance Survey » est celui qui occupe le plus nombreux personnel, et qui a publié le plus grand nombre de cartes. La collection des « Parish Maps », à l'échelle de 25 pouces au mille (1/2.500) est unique, on peut le dire, car aucun pays du monde ne possède un plan cadastral de son territoire levé et publié à cette échelle. Ces plans ont servi à établir des cartes à échelle plus réduite, comme la « County Map » (1/10560) et la « General Map » (1/63360) qui est la carte répondant au besoin de l'armée et du tourisme. Un grand nombre de plans de villes ont été dressés à l'échelle de 500ᵉ. L'ORDNANCE SURVEY a publié également deux cartes, l'une à l'échelle de 2 milles au pouce (1/126720), l'autre à celle de 4 milles au pouce (1/253440) qui sont d'excellentes réductions de la précédente. Les cartes des grandes colonies anglaises, Indes, Canada, sont dressées et publiées par les services locaux.

En résumé, la production de l'ORDNANCE SURVEY est considérable et, à ce point de vue, il y a une supériorité incontestable sur notre service géographique. Il faut cependant reconnaître les grands efforts qui ont été faits en France, depuis 30 ans, pour améliorer notre cartographie nationale et la précision de nos levers topographiques et de nos méthodes, ne le cède en rien à celle des autres nations. Il est regrettable que nos pouvoirs publics n'aient pu accorder des crédits plus considérables au Service Géographique de l'Armée dont la production serait certainement plus intense.

En dehors des services publics, la Cartographie française était représentée à l'Exposition Franco-Britannique par les éditeurs-géographes et graveurs, dont nous allons exposer les travaux.

BARRÈRE (Henry). — Cet établissement connu sous le nom de Maison Andriveau Goujon et dont la fondation remonte à l'année 1796, a produit, durant le XIXᵉ siècle, de nombreuses publications. Depuis 20 ans, M. Henry BARRÈRE a tenu au courant les cartes générales, France, Europe, Planisphère, Plans de Paris, dressés par son prédécesseur, et ses efforts dans ses nouvelles publications se sont surtout portés sur les cartes nécessitées par le développement incessant du tourisme et de la colonisation. Parmi les spécimens exposés, il y a lieu de remarquer la carte de France au 400.000ᵉ, en 15 feuilles, la carte des environs de Paris au 50.000ᵉ, la carte du Maroc, etc.

BELIN Frères. — Cette maison importante s'est fait surtout une spécialité des ouvrages classiques dans toutes les branches de l'enseignement. Au point de vue géographique, il convient de signaler l'atlas Drioux et Leroy, qui a eu de nombreuses éditions, et les lectures géographiques de Lanier.

Librairie Armand Colin. – Cette librairie a donné depuis quelques années à la Géographie un essor considérable. Les atlas Foncin, à l'usage de l'Enseignement primaire, trop connus pour qu'il soit nécessaire d'en parler, ont atteint un tirage important ainsi que les cartes murales dressées par M. Vidal de la Blache. De cet auteur, nous avons aussi un excellent atlas général comprenant une partie historique et géographique fort utile à l'Enseignement secondaire.

Les « Annales de Géographie » publiées sous la direction de MM. Vidal de la Blache, Gallois et de Margerie, contribuent par leurs articles et les mémoires originaux qui y sont contenus, au développement de nos connaissances géographiques. Je signale d'une façon toute particulière la bibliographie annuelle publiée par M. L. Raveneau, secrétaire des « Annales » qui constitue un instrument de travail tout à fait remarquable.

Delagrave (Ch.). — Le catalogue géographique de la librairie Delagrave est très complet, et on peut dire que cette maison à contribué, dans une large mesure, à la renaissance de la géographie en France. Les cartes murales de Levasseur et ses nombreux atlas, le grand atlas Niox plus spécialement fait au point de vue militaire ont obtenu un succès incontestable.

Fourst (J.). — Cette maison a été fondée en 1874. Son établisment est spécialement outillé pour établir, graver et façonner les cartes de géographie ; il édite un grand nombre de globes et de cartes de géographie en toutes langues et fabrique des appareils de cosmographie, des cartes ardoisées et porte-cartes divers. La participation à Londres de la maison, était importante et permettait de se rendre compte de tous les genres de sa fabrication variée.

Hachette et Cie. — Le Service cartographique de la Librairie Hachette est placé sous la direction de M. Fr. Schrader, dont les travaux géographiques sont universellement connus. En dehors de ses atlas classiques établis avec le concours de M. Lemonnier, il y a lieu de signaler l'atlas de Géographie moderne très répandu, et l'atlas de Géographie historique. L'atlas de Géographie commencé par Vivien de Saint-Martin et qui est sur le point d'être terminé, mérite une mention toute spéciale car il constitue en dehors de sa valeur scientifique, un beau spécimen de gravure sur cuivre pouvant rivaliser avec les meilleures productions allemandes.

A côté des cartes et atlas, nous remarquons les nombreuses publications géographiques de la Librairie Hachette dont les principales sont le Dictionnaire Géographique en 7 volumes de M. Vivien de Saint Martin et la Géographie Universelle du célèbre géographe Élisée Reclus.

Lebègue et Cie. — La spécialité de cette maison est les globes terrestres, tirés en 12 couleurs. Ils se présentent dans des conditions économiques; le public a pu apprécier la variété de choix dans un stand avantageusement placé.

Erhard Frères. — La maison Erhard, fondée vers 1860, établissement de gravure et d'impression, compte à son actif de nombreuses publications faites pour des administrations publiques et des éditeurs. Parmi les grands travaux exécutés, il faut signaler avant tout, la carte de l'intérieur au 100.000ᵉ, ainsi que la carte de France géologique au 80.000ᵉ.

Raveneau (Louis). — Secrétaire des Annales de Géographie, publiées par la maison Armand Colin, M. Raveneau expose la collection de sa « Bibliographie géographique », qui représente une somme de travail considérable et forme un répertoire indispensable aux personnes qui s'occupent de sciences géographiques.

Taride (Alphonse). — Éditeur de cartes routières pour cyclistes et automobiles, expose sa collection de cartes, elle comprend cinquante planches différentes pour la France et l'étranger. Ces cartes obtiennent un grand succès pour leur clarté et l'on peut affirmer qu'elles se trouvent entre toutes les mains des voyageurs.

Wuhrer (Louis). — Ancienne maison de gravure, qui a exécuté de nombreux travaux. M. Wuhrer est le graveur de la Ville de Paris et du département de la Seine; c'est à lui que l'on doit « l'Atlas des arrondissements au 5.000ᵉ », « l'Atlas des carrières », dont il a été question dans l'Exposition de la Ville de Paris. Il est aussi le collaborateur du service de la carte géologique.

Ministère de l'Intérieur. — La carte du Ministère de l'Intérieur était représentée par quelques spécimens à l'Exposition de Londres. Établie en 600 feuilles, d'après la carte d'État-Major au 80.000ᵉ, et avec le concours des agents-voyers, cette carte donne la classification exacte de toutes les routes. Imprimée en plusieurs couleurs elle est d'une lecture facile, ce qui a fait son grand succès.

Cie UNIVERSELLE DU CANAL DE SUEZ. — En dehors des professionnels, la Cie UNIVERSELLE DU CANAL DE SUEZ était le seul Exposant à titre privé, figurant dans la Classe 14. Ses plans en relief du Canal de Suez au 20.000^e, sont tout à fait remarquables. A signaler aussi les plans cartes de Port-Saïd, d'Ismailia, de Suez, Port Thewfik dressés à l'échelle du 5.000^e.

Du côté de l'Angleterre, les éditeurs-géographes et quelques services coloniaux avaient tenu à honneur de contribuer au succès de l'Exposition en faisant figurer quelques spécimens de leurs publications.

STANFORD (Edward). — Très ancien établissement cartographique auquel on doit de nombreuses publications. M. STANFORD avait exposé quelques unes de ses belles cartes des pays du monde : ses atlas édités avec luxe sont très répandus en Angleterre. M. STANFORD est également le dépositaire général de « l'Ordnance Survey ».

BARTHOLOMEW (John). — L'institut géographique de BARTHOLOMEW est à Edinburgh. Les cartes sortant de cet établissement sont faites avec le plus grand soin. La principale œuvre de M. BARTHOLOMEW est la « Reduced Ordnance Survey Map », à l'échelle de 2 milles au pouce (1/125.000), qui existe pour toute la Grande Bretagne. A signaler aussi le « Physical Atlas », dont la partie « Meteorology » est seule parue, et de nombreux atlas faits pour le compte d'éditeurs particuliers, entre autres le « Commercial Atlas of the World ».

JOHNSTON Ltd. (W. and A. K.). — L'établissement cartographique de ces éditeurs est aussi à Edinburgh. Leur atlas « Royal Atlas », « Handy Royal Atlas », etc., sont fort bien édités. Ils ont également publié des atlas à l'usage de l'enseignement et des globes terrestres.

PHILIP AND SON. — Importante librairie dont le siège est à Londres. Très belle collection d'atlas et de cartes murales scolaires ainsi que des globes terrestres et célestes.

BRITISH ASTRONOMICAL ASSOCIATION CAMBRIDGE OBSERVATORY. — Les travaux de l'Association astronomique et de l'Observatoire de Cambridge étaient exposés dans la Classe 14. Les services rendus par cette association et cet établissement scientifique sont universellement appréciés.

Geological survey of India. — Les cartes dressées par le « Geolo
gical and Topographical Survey» de l'Inde, sont très intéressantes.
Elles sont dressées à l'échelle de 1 pouce par mille (1/63.360). Leur
exécution peut rivaliser avec les cartes de la Métropole.

Government of Western Australia Perth. Lands départment
Sydney. — Ces deux administrations ont publié des cartes de leur
territoire à grande échelle qui donnent des renseignements agrono
miques et forestiers très utiles à la colonisation.

Robinson II. Sydney.   Éditeur et imprimeur de Sydney qui a
publié pour le compte de l'Administration quelques cartes imprimées avec soin.

Commissionner of Lands Southern Nigeria. — Le Commissaire de
« Southern Nigeria » avait exposé une carte à grande échelle de
cette région.

Major Guggisberg. — Le major Guggisberg a fait dresser sous sa
direction une carte de la « Gold Coast » à l'échelle du 125.000ᵉ qui
constitue un document de premier ordre.

Gray (John). — Cet auteur particulier exposait une petite carte
donnant la répartition des cheveux blonds et bruns en Écosse, plutôt
du domaine de la statistique que de la géographie.

Un coin de la Cour d'honneur

SECTION ANGLAISE

Si nous avons trouvé réunie la « Section française de Librairie » harmonieusement groupée dans un hall unique avec un nombre relativement élevé de participants, nous avons été déçus en constatant avec le plus vif regret que la librairie anglaise s'était pour ainsi dire abstenue de paraître et cependant nous aurions été très heureux d'attirer l'attention de nos confrères sur les publications anglaises sortant des maisons : Longman and C°, Mac Millan and C°, John Murray, Cassell and C°, Chapman and Hall, Heineman, George Bell and Sons, et bien d'autres ; leur réputation se justifie par les soins apportés à la mise en œuvre de leurs éditions qui honorent leur corporation et contribue à rehausser le prestige de leur pays.

Les quelques maisons ayant figuré, étaient dispersées un peu partout, sans aucune organisation ; la Classe 13 anglaise comprenait : 4 maisons d'éditions, 1 éditeur d'affiches, 3 relieurs, 2 journaux quotidiens, 1 journal périodique, puis dans le Palais de la Femme, deux institutions féminines et six « ladies » exposent leurs ouvrages de reliure fantaisie, et enfin, comme éditeurs coloniaux, 5 en Australie et 1 en Nouvelle Zélande. Telle était la participation anglaise que nous passerons en revue.

En entrant par Sheperd's Bush Uxbridge Road, dans le deuxième bâtiment, on rencontrait la très importante maison :

Oxford University Press. — Son installation affecte la forme d'un temple avec colonnes blanches, tentures de pourpre. A l'intérieur, une quantité de vitrines sous glaces, offre une profusion de bibles et d'ouvrages de luxe, reliés avec un goût exquis. Tout s'y rencontre, à côté d'une grande bible de o m. 80 × o m. 65 richement reliée, l'on a mis en opposition un petit livre lilliputien, de la dimension d'un timbre-poste et dont la reliure est également hors de pair.

L'Oxford University Press, dont l'origine remonte à plusieurs
siècles, est une maison considérable. Tout sort de ses vastes ateliers
d'Oxford ou de ses succursales : elle fabrique ses papiers, elle a ses
clicheries, ses machines à imprimer en typographie et en taille
douce, elle possède d'innombrables ateliers de reliure, soit pour
ses productions propres, soit pour les travaux que d'autres éditeurs
lui confient ; elle fabrique le fameux « India paper » connu du
monde entier et dont elle possède le secret de fabrication.

Ses principales productions sont les Bibles et les « Prayers
Books » ; elle publie 98 éditions, en formats divers, de la Bible, et
101 éditions diverses du livre de prières, la vente de ce dernier
ouvrage seul s'élève annuellement à 1.250.000 exemplaires.

L'Oxford Press publie en outre des ouvrages de littérature, des
classiques en toutes langues ; le tout est imprimé avec le plus
grand soin.

Dans les bâtiments 2 et 3 nous trouvons :

University tutorial Press, Cambridge. — Fort jolie exposition très
habilement présentée. Cette maison édite des ouvrages scolaires dans
toutes les branches d'éducation et d'intéressantes publications sur
les mathématiques, les sciences appliquées, de nombreuses éditions
pédagogiques et des classiques ; parmi ceux-ci, un grand nombre
concernent la langue française.

Chivers Cedric Ltd Bath expose de fort belles reliures décoratives
en cuir ciselé. Cette maison a créé une méthode nouvelle de travail
sous le nom de « Vellucent ». Ce procédé permet d'appliquer sur
les plats du volume, un dessin original colorié, que l'on recouvre
d'un vélin transparent ; on obtient par ce système, la conservation
de documents artistiques précieux, présentés sous la forme d'une
reliure soigneusement et solidement exécutée.

Forward Chas and Sons Ltd, London, nous montrent des reliures
de commerce ordinaires, dans tous les genres et sans mérite
particulier.

The Religious Tract Society, London. — Comme son nom
l'indique, c'est une société de propagande évangélique, qui publie
une quantité d'ouvrages de jeunesse, de littérature et une profusion
de « tracts » que nous trouvons en toutes les langues ; nous en
voyons des quantités en français. Du reste, la Société revendique de

Oxford University Press

The Religious Tract Society

publier ces tracts en 260 langues et dialectes. Son stand nous offre à l'examen ses dernières nouveautés en ouvrages de littérature religieuse.

REID ANDREWS AND C° LTD, Newcastle. — Imprimeur d'affiches. Quelques spécimens d'affiches de commerce, de navigation et de chemin de fer forment sa participation.

KNOWLEDGE, London. — Journal d'informations scientifiques très apprécié expose quelques volumes de ses collections.

SALVATION ARMY, London. — Comme corollaire à sa mission évangélique et pour occuper ses adeptes et les pauvres qu'elle soutient, la « Salvation Army » a ouvert de nombreuses manufactures où se fabrique une quantités de produits divers. Son stand nous permet de remarquer quelques beaux ouvrages exécutés dans ses imprimeries et de très intéressantes reliures provenant de ses ateliers.

Après avoir quitté cette galerie, il faut traverser tous les longs bâtiments pour arriver au building 12, le plus favorisé de tous, car il se trouve précisément à l'entrée principale, dite « Woodlane » où déverse journellement une quantité de visiteurs et, dès l'entrée, on est frappé par une installation très intéressante, celle de :

CAMBRIDGE UNIVERSITY PRESS. — La C. U. P. a tenu à faire du nouveau et au lieu de s'en tenir à l'exposition de ses admirables publications, elle a voulu en même temps initier le public à leur fabrication.

Une machine à imprimer a été installée dans son stand ; depuis l'ouverture de l'Exposition, elle n'a cessé d'imprimer le « Crystal India paper bible ». Une passerelle ingénieusement construite au-dessus de la machine, a permis à la foule de suivre le travail d'impression dans tous ses détails.

D'une fort ancienne origine, la Cambridge University Press édite des quantités de Bibles et de livres de prières dont elle présentait au public une variété infinie. D'autres belles impressions sortent de ses presses, tels sont : The Cambridge Modern History, the Cambridge History of English litterature, etc...

Les travaux d'impression et de reliure sont exécutés dans ses vastes manufactures de Cambridge et de Londres ; ces éditions se composent d'ouvrages de littérature ou des livres classiques parmi lesquels nous remarquons nombre de travaux en français ; papier, impression, reliure, tout est fort soigné.

THE DAILY MAIL. — Un des journaux les plus populaires de Londres et qui, depuis quelques années, imprime une édition quotidienne à Paris, avait érigé dans les parcs un merveilleux pavillon : à l'intérieur, était installée une « Octuple printing machine » de la fabrication Robert Hoe ; cette machine était capable d'imprimer par heure 200.000 feuilles de quatre pages.

Le public était admis à circuler tout autour et à se rendre compte du travail de production. A la nuit tombante, le pavillon s'illuminait à giorno et constituait un des principaux attraits de l'Exposition vue de nuit.

THE GLOBE. — Journal quotidien très estimé, voisinait avec son confrère et s'était contenté d'un très modeste kiosque réclame.

Dans le « Palace of Women's work » se trouvaient exposés les travaux de reliure fantaisie en peau, broderie, perles et tapisserie. Nous avions les participations du WORKING GENTLEWOMEN'S EMPLOYMENT et du ROYAL SCHOOL OF ART NEEDLEWORK et celles de MM^{mes} BASSET, Ada NORGATE, Edwards BETHAM, John HOGG, MARY E. ROBINSON STEWART.

Rien de particulier à dire sur ces travaux ; quelques-uns, cependant, étaient réussis et pouvaient être mis en parallèle avec des œuvres professionnelles.

Au merveilleux palais de l'Australie, parmi les productions du sol de cette contrée fertile et les produits manufacturés, nous avons trouvé l'Exposition des éditeurs suivants :

THE LAW BOOK COMPANY OF AUSTRALIA, T. A. COGHLAN, Mc CARRON STEWART AND C°, ANGUS & ROBERTSON.

Ces maisons exposent des ouvrages locaux (publications parlementaires, historiques, statistiques) et quelques livres d'art assez bien présentés.

Enfin THE NEW ZEALAND GOVERNMENT dans le palais affecté à cette contrée nous soumet ses ouvrages parlementaires et des statistiques de bonne exécution.

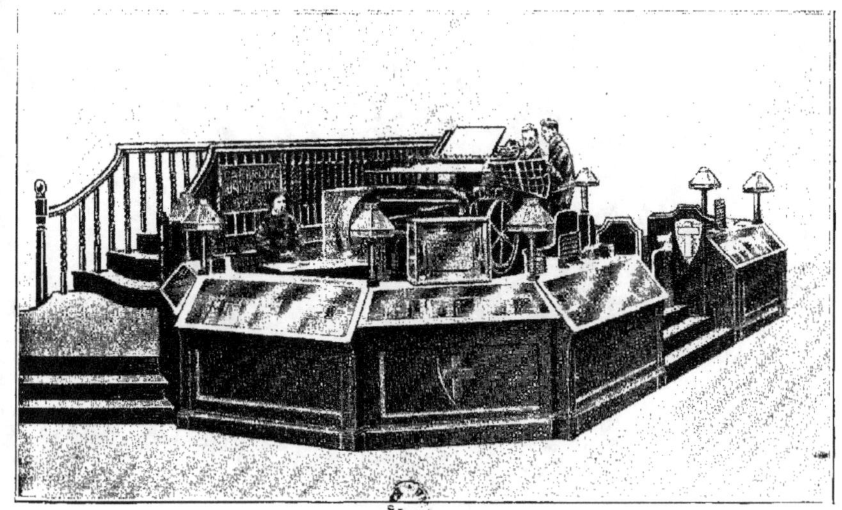

Cambridge University Press

University Tutorial

LA LIBRAIRIE ANGLAISE

La Librairie Anglaise peut être considérée comme l'une des industries les plus florissantes du Royaume Uni, car tous les éléments concourent à sa diffusion.

D'abord, la langue anglaise étant la plus universellement en usage, contribue à lui donner des acheteurs sur tous les points du globe ; puis ses nationaux sont des lecteurs studieux, qui, tout en se livrant à des manifestations sportives, savent consacrer un certain temps au repos et à la récréation de l'esprit : il y a en outre la clientèle de nombreuses bibliothèques publiques et universitaires qui administrent elles mêmes leurs achats : citons enfin « and not the least », ce colossal empire colonial que la Grande-Bretagne approvisionne presque exclusivement ; on comprend donc combien le mouvement de la librairie et des industries qui s'y rattachent acquiert d'importance ; dans ces conditions, les éditeurs certains de trouver un débouché, n'hésitent pas à se livrer à des spéculations hardies ; à publier des œuvres dont ils soignent l'exécution matérielle sans se préoccuper outre mesure du prix de vente, car ils savent que le public est habitué à payer sans hésitation, tout ouvrage qui a une valeur littéraire historique ou scientifique.

On peut estimer à trois cents le nombre des éditeurs répartis dans la Grande-Bretagne ; pour s'assurer de la propriété du titre de l'ouvrage publié, ils doivent le faire enregistrer au « Stationer's Hall » et en outre déposer un exemplaire de leurs ouvrages à chacune des cinq bibliothèques suivantes :

British Museum ; Bodleian Library d'Oxford ; University Library de Cambridge ; Trinity College de Dublin ; Library of the Faculty of Advocates d'Edinburgh.

Les associations littéraires sont nombreuses ; parmi elles, nous mentionnerons :

Le Publishers' Association, qui s'occupe des intérêts de la corporation sous toutes les formes ; le président est actuellement M. Edward Bell.

Le Stationers' Company au Stationers' Hall, siège social de Publishers' Association, où s'enregistrent les ouvrages de librairie, de musique et les œuvres de peinture, dessins et photographie.

L'Associated Booksellers of Great Britain and Ireland, a pour objet spécial la protection des tarifs unifiés par l'entente entre éditeurs et libraires. Depuis le 1er octobre 1906, la vente des livres s'opère sur la base du prix net indiqué sur chaque volume, et il n'est permis à aucun libraire de vendre au public au-dessous du tarif ; la Société exige de ses membres de respecter et faire respecter ces engagements et de signaler toute infraction au Publishers' Association, et ce, pour le bien général de la corporation.

Le Publishers' Circle Book Trade est une société qui vient de se fonder et dont le banquet d'inauguration, sous la présidence de M. Edward Bell, président de la Publishers' Association, s'est tenu le 9 octobre 1908. L'Association a pour but de mettre en rapports les auteurs, les éditeurs et les libraires et de créer par la suite un lien commun d'intérêts du métier.

. Pour qu'on puisse juger de l'éclectisme des sujets à ce banquet, nous indiquons ici quels ont été les toasts portés : M. M.-L., Courtney auteur critique littéraire, éditeur du « Fortnightly Review », a pris pour sujet la littérature, Sir Georges Thevelyan, historien, s'est inspiré des réminiscences sur les anciens écrivains anglais, M. W. W. Jacobs a fait avec beaucoup d'humour une causerie sur le Booktrade, M. H.-W. Keay, président de l'Associated Booksellers, a répondu au nom des libraires au président orateur ; M. Edward Bell a clôturé par le toast à la Presse.

Celui qui écrit ces lignes a eu le plaisir d'assister à cette intéressante soirée et a emporté la conviction qu'une telle réunion resserre non seulement les liens d'amitié confraternelle, mais aide puissamment aux bonnes relations industrielles entre le penseur, le metteur en œuvre et le vendeur.

L'Author's Association est particulièrement utile aux jeunes auteurs pour l'aide et les conseils que leur procure cette société.

L'AUTHOR'S INCORPORATED régit les intérêts des auteurs pour leurs droits et copyright.

LA BIBLIOGRAPHICAL SOCIETY imprime des ouvrages bibliographiques à l'usage de ses associés : elle provoque et encourage les études bibliographiques.

Les Journaux à l'usage de la librairie sont :

THE BOOKSELLER excellente publication très appréciée, d'une haute tenue littéraire, traitant de questions à l'ordre du jour pour les intérêts de la corporation.

THE PUBLISHER'S CIRCULAR AND BOOKSELLER'S RECORD, intéressant intermédiaire entre l'éditeur et le libraire, donnant des informations utiles et analysant les ouvrages venant de paraître.

THE BOOKMAN s'occupe principalement de littérature.

Enfin des maisons d'édition publient des bulletins mensuels annotés, mais elles visent plutôt leur clientèle que le commerce de librairie en général.

Indépendamment des 300 Éditeurs que nous avons signalés. Londres possède 800 Libraires, s'occupant du commerce de gros et de vente au détail, et en dehors de cette ville, le territoire de la Grande-Bretagne comprend 1.500 libraires. Les relations sont directes entre les éditeurs et les détaillants, mais de très importantes maisons de Londres centralisent pour la province et les colonies ; nous mentionnerons tout particulièrement la maison W. H. Smith and Cⁱᵉ, dont les transactions sont considérables ; cette maison assure le service des journaux et des livres dans la plupart des stations de chemins de fer et possède dans toutes les villes provinciales une succursale : citons également la maison Simpkin Marshall et Cⁱᵉ, qui a de grandes relations aux colonies.

La LIBRARY ASSOCIATION fondée en 1877, est une société unissant les bibliothécaires pour l'étude en commun des questions d'intérêt général et pour la défense de leurs droits.

Elle publie un bulletin mensuel de ses travaux destiné à mettre les membres associés au courant de tous les faits nouveaux ; elle édite une liste classifiée des meilleurs ouvrages à acquérir par les bibliothèques. On compte environ mille bibliothèques publiques et universitaires dans le Royaume Uni. Dans les colonies d'outre mer, les bibliothèques se dénombrent ainsi :

37 au Canada,
14 à Queensland,
 5 en Tasmania,
19 à Victoria,
10 au Cap,
11 dans les Indes,
 4 à Ceylan,
19 dans les Nouvelles Galles,

10 en Australie Sud,
 6 en Australie Ouest,
10 dans la Nouvelle Zélande,
 4 à Natal et Rodhesia,
 2 à l'île Maurice,
 4 dans la presqu'île de Malacca,
 2 Ile de Hong Kong,

Le rôle de la presse est de premier ordre pour les intérêts de la librairie ; la presse a ses critiques pour faire le compte rendu des ouvrages qui lui sont envoyés et il n'est guère de publications qui ne donnent lieu à une analyse bibliographique ; par contre l'éditeur consacre de larges sommes au budget de sa publicité car il sait combien elle lui est utile auprès d'un public qui lit.

Le pavillon du « Daily Mail »

La production des Ouvrages Anglais pour les deux années
1906 et 1907 se répartit ainsi :

DIVISIONS	1906		1907	
	OUVRAGES NOUVEAUX	RÉIMPRESSION et NOUVELLES ÉDITIONS	OUVRAGES NOUVEAUX	RÉIMPRESSION et NOUVELLES ÉDITIONS
Théologie, sermons, ouvrages religieux....	628	109	792	158
Education, classiques et philologie........	760	147	604	93
Romans, Nouvelles et ouvrages d'enfants..	2.108	775	1.862	920
Jurisprudence et ouvrages de loi.......	62	36	168	75
Economie sociale et politique, commerce, technologie	597	163	686	77
Arts, sciences et ouvrages illustrés........	452	47	863	246
Voyages, Expéditions, Recherches géographiques............	241	62	336	128
Histoire, biographie...	541	100	713	160
Poésie et pièces de théâtre	393	63	335	192
Annuaires et Publications en volumes annuels...........	475	»	465	»
Médecine et chirurgie.	202	77	266	76
Belles Lettres, Essais, critique...........	268	39	248	88
Divers et brochures...	247	»	363	»
	6.985	1.618	7.701	2.213
		6.985		7.701
		8.603		9.914

La production de l'édition anglaise trouve un énorme débouché
dans ses colonies : nous y ajouterons les États-Unis qui absorbent
presque un quart de son exportation ; on en jugera par la statistique

officielle que nous extrayons de « l'Annual statement of the trade
of the United Kingdom » pour 1907.

Exportation des Livres et Imprimés d'origine Britannique

DÉSIGNATION DES PAYS	1905	1906	1907
Dans ses colonies.........	£ 1.139.250	£ 1.148.035	£ 1.229.362
Aux États-Unis............	£ 430.371	£ 449.151	£ 453.098
Dans d'autres pays........	£ 346.800	£ 431.374	£ 401.692
Valeur en £.............	£ 1.916.421	£ 2.028.560	£ 2.084.152
Valeur en francs..........	48.102.167	50 916.856	52.312.215

Réexportation du livre d'origine étrangère et coloniale.

£ 24.180 soit 606.918 fr.	£ 22.631 soit 568.038 fr.	£ 20.924 soit 525.492 fr.

Importation des Livres et Imprimés étrangers en Grande-Bretagne

DÉSIGNATION DES PAYS	1905	1906	1907
États-Unis...............	£ 120.621	£ 110.168	£ 122.652
Colonies Anglaises........	£ 4.042	£ 6.529	£ 7.709
Europe...................	£ 174.930	£ 161.140	£ 176.767
Valeur en £.............	£ 299.593	£ 277.837	£ 307.128
Valeur en francs..........	7.519.784	6.973.708	7.708.912

Dans les chiffres ci-dessus, les pays suivants entrent pour :

La France...............	£ 45.989	£ 57.525	£ 50.556
La Hollande.....	£ 47.546	£ 36.989	£ 40.745
L'Allemagne.............	£ 45.970	£ 27.267	£ 47.387

Les chiffres se passant de commentaires il nous est difficile d'en
tirer une moralité, cependant en comparant les statistiques d'importation nous trouvons qu'un certain nombre de matériaux étrangers contribue à la fabrication du livre anglais ; en ce qui

concerne l'exportation il faut tenir compte que Liverpool est un grand port de transit où s'acheminent de tous les pays d'Europe, de grandes quantités de cargo et souvent la réexpédition est faite sous pavillon national ; quoi qu'il en soit et en faisant la part de tout ce que les statistiques ne peuvent offrir en chiffres rigoureusement exacts, nous n'avons qu'à constater avec plaisir l'état florissant d'une industrie qui possède à son actif une exportation aussi considérable.

Si du livre nous passons à d'autres industries du ressort de nos Classes, nous allons trouver au contraire l'importation plus élevée que son exportation et comme les transactions de diverses contrées peuvent offrir un intérêt au lecteur, nous croyons bien faire de terminer cette partie de notre rapport en extrayant les tableaux ci-contre :

Importation en Grande-Bretagne
des Gravures, Estampes, Lithographies, Photographies, Cartes géographiques et Marines

Les chiffres donnés sont en Livres sterling. la livre : 25 fr. 10.

	1903	1904	1905	1906	1907
D'Allemagne...	£ 131.016	£ 175.443	£ 87.861	£ 172.637	£ 180.892
Des Pays-Bas........ ..	127.160	163.624	202.216	239 127	210.438
De Belgique......... ...	103.144	96.497	66.352	82.006	92 239
De France............	37.649	42.125	44.346	44.764	46.140
Des Etats-Unis........	16.450	11.226	11.852	12.941	16.329
D'autres pays........ .	338	1.046	511	1.040	712
Des Possessions Anglaises	526	489	386	490	613
	£ 416.613	£ 490.432	£ 473.524	£ 553.005	£ 546.863

Exportation de la Grande-Bretagne
des Gravures, Estampes, Lithographies, Photographies,
Cartes géographiques et Marines

	1903	1904	1905	1906	1907
En Russie	£ 7.669	£ 13.036	£ 11.970	£ 4.048	£ 4.926
En Allemagne	29.741	33.252	37.248	28.389	32.311
En Hollande	5.082	5.058	6.472	5.613	6.822
En Belgique	7.743	7.626	10.432	10.037	9.950
En France	14.160	12.052	11.827	17.766	21.095
En Autriche-Hongrie	2.830	3.336	2.912	2.087	3.322
Aux Etats-Unis	38.882	35.864	39.723	47.251	46.077
Dans d'autres pays	12.586	12.462	13.033	14.256	16.894
Dans les Possessions anglaises	42.886	40.445	42.969	42.663	50.359
	£ 161.579	£ 163.131	£ 176.586	£ 172.110	£ 192.756

Réexportation d'origine étrangère ou coloniale
des Gravures, Estampes, Lithographies, Photographies,
Cartes géographiques et Marines

	1903	1904	1905	1906	1907
En Allemagne	£ 1.919	£ 1.039	£ 1.809	£ 2.397	£ 5.896
En France	492	1.502	2.937	3.713	4.268
Aux Etats-Unis	576	2.048	1.670	1.388	3.834
Dans d'autres pays	2.048	1.612	1.966	3.965	7.591
Dans les Possessions anglaises	3 343	3.824	2.676	5.150	8.247
	£ 8.378	10.025	11.058	16.613	29.836

STATISTIQUE FRANÇAISE

Nous avons donné le tableau de production de la librairie anglaise, dans les deux dernières années, nous établissons celui de la librairie française pour les mêmes périodes.

Ouvrages et Imprimés déposés au Ministère de l'Intérieur pendant les années 1906 et 1907

	1906	1907
Religion	534	579
Droit	523	526
Philosophie et Morale	196	168
Mysticisme et Sciences occultes	52	36
Sciences morales et politiques	528	417
Sciences militaires	323	349
Sciences mathématiques	62	61
Sciences naturelles	180	205
Sciences médicales	1.097	949
Sciences agricoles	196	195
Arts industriels	225	222
Histoire et Etudes accessoires	1.258	1.262
Géographie, Voyages	253	229
Littérature française	1.675	1.807
Littérature étrangère	205	248
Littérature ancienne	26	32
Beaux-Arts	124	101
Education et Enseignement	1.035	790
Ouvrages de Vulgarisation	93	115
Bibliographie, Académie, Sociétés savantes et divers	147	109
Annuaires, Agendas, Almanachs	2.166	2.385
	10.898	10.785

Quand on compare ces tableaux, on constate ce fait : nous éditons un plus grand nombre d'ouvrages que nos voisins, mais les classifications des productions des deux contrées ne concordant pas rigoureusement entre elles, il est impossible d'établir le même parallèle en ce qui touche la nature des sujets traités ; nous nous sommes donc contenté d'en fournir une idée générale.

D'après le tableau général du commerce de la France, notre commerce avec l'Angleterre, se présente ainsi :

Exportation du Livre Français en Angleterre.

En 1905, nous avons exporté 316.093 kil., représentant 1.333.912 fr.
   1906,   —   351.688   1.484.123 —
   1907,   —   358.229   —   1.511.726 —

Importation du Livre Anglais en France.

En 1905, nous avons importé 106.015 kil., représentant 667.221 fr.
   1906,   115.154   686.174 —
   1907,   —   114.934   —   699.735 —

Un coin du Palais des Congrès

JURY

Le Jury des récompenses, présent à Londres, le mardi 15 septembre 1908, était ainsi composé :

BUREAU :

Président : MM. FOURET (René)........................ France.
Vice Président : DAVENPORT (Cyril), V. D. F. S. A... Angleterre.
Secrétaire rapporteur : TERQUEM (Emile)............... France.

Membres titulaires : MM. DOUGLAS COCKRILL......... Angleterre
                     H. R. TEDDER............. —
                     GILLON (Paul).............. France.
                     CHEVALIER (Paul-Emile).......
                     BARRERE (Henry)........... —
                     JONES (F. John)............ —
                     BASCHET (René)............ —
                     LE VASSEUR (Pierre-Armand).. —
Membres suppléants : MM. MICHAUD (Léon)........... —
                     VERMOT (Maurice)......... —
                     GLEIZE (Jules)............
                     BERGAUD (Alfred)......... —

Aussitôt le bureau formé, les membres du Jury se répartirent en sous commissions d'examen et d'expertise ainsi composées :

Librairie.

MM. FOURET (René).   MM. VERMOT (Maurice).
     TERQUEM (Emile).   GLEIZE (Jules).
     DOUGLAS COCKRILL.   BERGAUD (Alfred).
     MICHAUD (Léon).

Géographie.

MM. Davenport (Cyril)   Gillon (Paul).
    Barrère (Henry).   Vermot (Maurice).

Musique.

MM. Chevalier (Paul-Emile).   M. Jones (F. John).
    Tedder H. R.

Gravures.

MM. Baschet (René).   M. Le Vasseur (Pierre Armand).
    Davenport (Cyril).

Dans la distribution des salles de réunion pour les Jurés, il avait
été mis à notre disposition, la salle n° 1, au « Garden Club », mais
trop éloignée du centre d'action, les opérations de révision se
tinrent dans la Classe française, où toutes les facilités de travail
furent mieux appréciées, la notation adoptée fût :

Nos 20 à 17, Grand Prix.   Nos 9 à 6, Médaille d'argent.
    16 à 14, Diplôme d'honneur.   5 à 3, Médaille de bronze.
    13 à 10, Médaille d'or.   2 à 1, Mention honorable.

Le nombre total des Exposants, dont les produits ont été exa-
minés, s'est élevé pour :

le Groupe français à : 160 classe 13 : 17, classe 14.
—   anglais à : 24 classe 13 : 15, classe 14.

Les examens et les votes du Jury, attribuant les récompenses aux
Exposants anglais et français, se terminèrent le 17 septembre.

Les opérations du Jury furent faites avec la plus grande cordia-
lité, et n'ont provoqué aucune dissension.

Le Jury du Groupe 3, se réunit pour examiner les travaux du
Jury des Classes 11, 13, 14.

Président :   M. Boulret (René)
Vice-Président : M. Davenport (Cyril), V. D. F. S. A.
Secrétaire :   Major H. Van Stow, V. D. F. S. A.

Son rapport fut déposé le 18 septembre.

Le Jury supérieur s'est réuni à Londres, le 13 octobre, pour
approuver en dernier ressort, les opérations des Jurys de Classe et
de Groupe.

LISTE DES RÉCOMPENSES

CLASSE 13

Librairie ; Éditions Musicales. — Reliure Journaux. — Affiches.

(Groupe III-A.)

Hors concours (Membres du Jury pour les classes 13 et 14).

Dans les raisons sociales, les noms de MM. les Jurés sont en italique et placés entre parenthèses.

BARRÈRE (Henry). Paris.
BERGAUD, Paris.
GLEIZE (Jules), Paris.
HACHETTE et Cie (*René Fourel*), Paris.
HEUGEL et Cie (*Paul-Émile Chevalier*), Paris.
HOLLIER, LAROUSSE et Cie (*P. Gillon*). Paris.
JONES (F. John), Paris.
LE VASSEUR et Cie (*Pierre-Armand Le Vasseur*), Paris.
L'Illustration (René Baschet), Paris.
MICHAUD (Léon), Reims.
NALÈCHE (Comte Et. de). Paris.
TERQUEM (Émile), Paris.
VERMOT (Maurice), Paris.

Hors concours (par application de la Convention)

Laveur (Lucien), Paris.
Collectivité du Syndicat de la Presse Parisienne, Paris.

En participation :

L'Action.
L'Action Française.
Les Annales Politiques.
L'Aurore.
L'Auto.
L'Autorité.
Le Bulletin des Halles.
Le Charivari.
Comœdia.
La Cote de la Bourse et de la Banque.
Le Cours de la Banque et de la Bourse.
La Croix.
La Dépêche Coloniale.
Le Droit.
L'Écho agricole.
La Liberté.
La Libre Parole.
Le Messager de Paris.
Le Monde Illustré.
La Nouvelle Presse.
La Nouvelle Revue.
Paris.
Paris-Sport.
Le Petit Journal.
Le Petit Parisien.
La Petite Presse.
La Petite République.
Le Petit Temps.
La Politique Coloniale.
La Presse Coloniale.

L'Écho de Paris.
L'Éclair.
L'Économiste Européen.
Le Figaro.
La France.
La France Militaire.
Le Gaulois.
La Gazette de la Capitale.
La Gazette des Tribunaux.
La Gazette du Palais.
Gil Blas.
L'Illustration.
Le Jour.
Le Journal.
Le Journal des Débats.
La Lanterne.
Le Radical.
Le Rappel.
La République Française.
La République Radicale.
La Revue des Deux-Mondes.
La Revue Illustrée.
Le Siècle.
Le Soir.
Le Soleil.
Le Temps.
L'Univers.
La Vie Financière.
La Vie au Grand Air.
La Vie Illustrée.
Le Voltaire.

Grands prix.

COLLECTIVITÉ DU CERCLE DE LA LIBRAIRIE, Paris.

En participation :

ALCAN (Félix), Paris.
BAILLIÈRE (J.-B.) et Fils, Paris.
BARANGER Fils, Paris.
BELIN Frères, Paris.
BENOIT LÉVY (Édouard), Paris.
BERR (Henri), Paris.
CERCLE DE LA LIBRAIRIE, Paris.
DAUZE (Pierre), Paris.
DELAGRAVE (Charles), Paris.
DELALAIN Frères, Paris.
DELAPLANE (Paul), Paris.
DOIN (Octave), Paris.
DORBON aîné, Paris.
DURAND (A.) et fils, Paris.
FAYARD (Arthème), Paris.
FOREST (Joseph), Paris.
GRATIER (A.) ET REY (J.), Grenoble (Isère).
GUIFFREY (Jean), Paris.
HETZEL (J.), Paris.
JOURNAL DES CHAMBRES DE COMMERCE, Paris.
JOUBERT (Martin), Paris.
JUVEN (Félix), Paris.
LANQUEST (G.), Paris.
LAURENS (H.), Paris.
LEBÈGUE ET Cie, Paris.
LE SOUDIER (H.), Paris.
LIBRAIRIE ARMAND COLIN, Paris.
MARRON (Marcel), Orléans (Loiret).
PICARD (Alcide), Paris.
PICARD fils et Cie, Paris.
PLON-NOURRIT et Cie, Paris.
RIVIÈRE (Marcel), Paris.
ROUCHÉ (Jacques), Paris.
ROUSTAN (G.), Paris.

Rouveyre (Edouard), Paris.
Rudeval (F.-R. de), Paris.
Schmid (Mme veuve Charles), Paris.
Schmoll, avocat, Paris.
Société internationale des Écoles Berlitz, Paris.
Société de propagation des livres d'art, Paris.
Sporck (Georges), Paris.
Tallandier (Jules), Paris.
Vigot (Paul), Paris.
Voitellier (Georges), Paris.

Collectivité de la Chambre syndicale des Éditeurs d'annuaires, Paris.

En participation :

Agence Fournier, Lyon.
Allard (Gustave), Marseille.
Battet et Malchior, Lille.
Bellet (L.), Clermont-Ferrand.
Bender (François), Paris.
Bernard (E.), Paris.
Carteret (Léopold), Paris.
Charles-Lavauzelle (Henri), Paris.
Comité central des Armateurs de France, Paris.
Cussac (Jean), Paris.
Crépin Leblond, Nancy.
Delmas (Gabriel). Bordeaux.
Dubief (Pétrus). Villefranche (Rhône).
Duxod (H.) et Pinat (E.), Paris.
Dupré (Lucien), Nice.
Durand et fils. Paris.
Durand (veuve Paul), Paris.
Faller (Eugène), Paris.
Gauthier-Villars, Paris.
Gout (Auguste) et Cie, Orléans.
La Fare (A.), Paris.
Lahure (Alexis), Paris.
Lebon-Desmottes, Pau.
Lesfargues (Ch.), Bordeaux.
Loubat (J.), Paris.

MICAUX (Hippolyte), Le Havre.
MOUZARD (Ernest), Paris.
MULLER (Arnold), Paris.
PEDONE (Auguste), Paris.
PUEL DE LOBEL, Paris.
RISACHER (Émile), Paris.
ROUSTAN (Georges), Paris.
RUZIE (Maurice), Paris.
SAGERET (veuve Marie), Paris.
SCHMIDT (E.) et Cie, Amiens.
SEIGNEURIE (Albert), Paris.
SILVESTRE (Claude), Le Bois d'Oingt (Rhône).
SIRAUDEAU (Joseph-J.), Angers.
SOCIÉTÉ ANONYME ANNUAIRES PARIS ET FRANCE, Paris.
SOCIÉTÉ ANONYME DE L'ANNUAIRE DIDOT-BOTTIN, Paris.
SOCIÉTÉ FRANÇAISE DES GUIDES ALBUMS, Paris.
STEWART (Raoul), Paris.
THEVIN et Cie, Paris.
VITERBO (G.), Paris.
VUIBERT ET NONY, Paris.

CARTERET (Léopold), Paris.
CHARLES-LAVAUZELLE (Henri), Paris.
DURAND (X.) et fils, Paris.
GAUTHIER-VILLARS, Paris.
HAUTECOEUR (Jules), Paris.
SOCIÉTÉ ANONYME DE L'ANNUAIRE DIDOT-BOTTIN, Paris.
VUIBERT ET NONY, Paris.

Diplômes d'honneur.

BRISSON (Adolphe) : » Annales Politiques et Littéraires » et « Journal
  de l'Université des Annales », Paris.
DELALAIN frères, Paris.
DUNOD ET PINAT, Paris.
FERROUD (F.), Paris.
FLOURY (Henri), Paris.
GANNE (Louis), Paris.
GRUS (Lucien), Paris.

Joubert (Martin), Paris.
« Monde illustré » (Le), Paris.
Schmidt (Mme Vve Charles), Paris.
Société des Éditions illustrées Pierre Lafitte et Cie, Paris.
Tallandier (Jules), Paris.

Médailles d'or.

Conard (Louis), Paris.
Gratier et Rey, Grenoble.
Guérinet (Armand), Paris.
Juven (Félix), Paris.
Lebon (Ernest), Paris.
Nathan (Fernand), Paris.
Picard (Alphonse) et fils, Paris.
Picard (Alcide), Paris.
Poulalion (J.-J.), Paris.
Schwartz (Émile), Paris.
Sporck (Georges), Paris.

Médailles d'argent.

« Art décoratif » (L'), Paris.
Berr (Henri), Paris.
Boyveau et Chevillet, Paris.
« Économiste européen » (L'), Paris.
Foulard (Charles), Paris.
Greningaire (Émile), Paris.
Marron (Marcel), Orléans.
Olivier (Ernest), Moulins (Allier).
Rivière (Marcel), Paris.
Rudeval (F.-R. de), Paris.
Silvestre (Claude), Le Bois d'Oingt (Rhône).
Vigot (Paul-Étienne), Paris.

Médailles de bronze.

Cussac (Jean), Paris.
Digoudé-Diodet, Paris.
Dorbon aîné, Paris.
Lanquest (G.), Paris.
Micaux (H.), Le Havre.
Norsa (C.), Paris.
Pedone (Aug.), Paris
Salabert (William), Paris.
Société anonyme des Annuaires Paris-France, Paris.
Voitellier (Georges), Paris.

Mentions honorables.

Bender (François), Paris.
Dubief (Petrus), Villefranche (Rhône).
Dupré (Lucien), Nice (Alpes-Maritimes).
Durand (Vᵉ Paul), Paris.
Faller (Eugène), Paris.
Huet (Maurice), Paris.
Meignen (Émile), Paris.
Risacher (Émile), Paris.
Schmoll (Louis), Paris.
Straudeau (Joseph), Angers (Maine-et-Loire).
Société anonyme de l' « Indicateur marseillais » (Allard), Marseille
    (Bouches-du-Rhône).
Thomas (Louis-Joseph), Nice (Alpes-Maritimes),
Viterbo (Gustave), Paris.

CLASSE 14

Cartes et Appareils de Géographie et de Cosmographie
Topographie.

(Groupe III-A.)

Hors concours (par application de la Convention).

Lebègue (L.) et Cie, Paris.

Grands prix.

Compagnie universelle du Canal maritime de Suez, Paris.
Ehrard frères, Paris.
Ministère de la Guerre : Service géographique de l'armée, Paris.
Ville de Paris : Direction du cadastre, Paris.
Ville de Paris : Inspection générale des carrières, Paris.
Ville de Paris : Service de la bibliothèque et des travaux histori-
   ques, Paris.
Ville de Paris : Service du plan, Paris.

Diplôme d'honneur.

Wuhrer (Louis), Paris)

Médailles d or.

Forest (Joseph), Paris.
Raveneau (Louis), Paris.
Taride (A.), Paris.

LISTE NOMINATIVE ET PAR MAISON DES RÉCOMPENSES ACCORDÉES AUX COLLABORATEURS

NOM DE LA MAISON	NOM DU COLLABORATEUR	RÉCOMPENSES
Agence Fournier, à Lyon.	Drevet (Léon).	Médaille de bronze.
Alcan (Félix), à Paris.	Adam (Louis).	Médaille d'or.
	Ligarde (Amédée).	— d'argent.
	Lisbonne (René).	— d'argent.
	Clech (Charles).	— de bronze.
Annales Politiques et Littéraires, à Paris.	Sarcey-Brisson (Mme Yvonne)	Médaille d'or.
L'Art Décoratif, à Paris.	Testard.	Médaille de bronze.
Bender (François), à Paris.	Guibert (M).	Médaille d'argent.
	Stoll (C.).	— d'argent.
Boyveau et Chevillet, à Paris.	Holsnyder (Léon).	Médaille de bronze.
Carteret (Léopold), à Paris.	Fargeau (Edmond).	Médaille d'argent.
Charles-Lavauzelle (Henri), à Paris.	Bataille (Laurent).	Médaille d'or.
	Charpy (Fernand).	— d'or.
	Moreau (Léonard).	— d'or.
	Peymaud (Louis).	— d'or.
	Savary (Amand).	— d'or.
	Tournier (Auguste).	— d'or.
	Bezard (Augustin).	— d'argent.
	Garaud (Henri).	— d'argent.
Conard (Louis), à Paris.	Mortier (Louis).	Médaille de bronze.
Cussac (Jean), à Paris.	Guss (Georges).	Médaille d'argent.
	Boudat (Emile).	— de bronze.

NOM DE LA MAISON	NOM DU COLLABORATEUR	RÉCOMPENSES
Delagrave (Charles), à Paris.	Pacotte (Théodore).	Médaille d'argent.
	Séguin (Baptiste).	— d'argent.
	Berlot (Paul)	— de bronze.
	Rousseau (Paul).	— de bronze.
	Avice (Henri).	Mention honorable.
Delalain frères, à Paris.	David (Isidore).	Médaille d'or.
	Hervé (Aimé).	— d'or.
	Thérier (Charles).	— d'or.
	Asselin (Louis).	— de bronze.
	Delamare (Lucien).	— de bronze.
	Delamare (Paul).	— de bronze.
Digoudé-Diodet (I.), à Paris.	Crémieux (O.).	Mention honorable.
	Scotta (V.).	honorable.
Doin (Octave), à Paris.	Jeanpierre (Bernard).	Médaille d'or.
	Puigrenier (Louis).	— d'or.
Durand et fils, à Paris.	Lucas (Eugène-Henri).	Médaille d'or.
	Maquaire (Raoul-Albert).	— d'or.
	Suinot (Achille-Jules).	— d'or.
	Remiet (Georges-Alex.).	— d'argent.
Fayard (Arthème), à Paris.	Dillon (Charles).	Médaille d'argent.
	Rubin (Gustave).	— d'argent.
	Tisserant (Lucien).	— d'argent.
Floury (Henry), à Paris.	Faleit (Léon).	— de bronze.
Gauthier Villars, à Paris.	Lefort (Joseph-Auguste).	— de bronze.
Gleize (Jules), à Paris.	Drapier (A.).	Médaille d'or.
	Peigné (Raoul).	— d'or.
Gratier (A.) et Rey (J.), à Grenoble.	Bellet.	Médaille d'argent.
	Cote (E.-F.).	— d'argent.
Greningaire (Émile), à Paris.	Greningaire (Mlle Lucienne).	Médaille de bronze.
	Chaussade.	Mention honorable.
Hautecœur (Jules), à Paris.	Leveau (Gustave).	Médaille d'or.
Grus (Lucien), à Paris.	Doire (Louis).	Médaille d'argent.
	Duclos (Firmin).	— d'argent.
Hetzel (Jules), à Paris.	Alliou (Auguste).	Médaille d'or.
	Barrachin (Eugène).	— d'or.
	Alberge (Eugène).	— d'argent.
	Le Bret (Elysée).	— d'argent.
	Morisot (Théophile).	— d'argent.
	Baudette (Camille).	— de bronze.
	Froissand (Albert).	— de bronze.

NOM DE LA MAISON	NOM DU COLLABORATEUR	RÉCOMPENSES
Hetzel (Jules), à Paris.	Montillet (Emile).	Médaille de bronze.
	Blard (François).	Mention honorable.
	Bouvier (Albert).	— honorable.
Heugel et Cⁱᵉ, à Paris.	Delanchy.	Médaille d'or.
	Douin.	— d'or.
	Lozza.	— d'or.
	Roux (Mᵐᵉ).	— d'or.
	Goussé.	— de bronze.
Journal des Chambres de Commerce, à Paris.	Guiffard (Léon).	Médaille d'argent.
	Moreau (Hugues).	— d'argent.
Lanquest (Georges), Le Hàvre	Malussière (Mᵐᵉ).	Mention honorable.
Lebègue et Cⁱᵉ, à Paris.	De Guilage (André),	Médaille d'or.
Lebon-Desmottes, à Pau.	Minvielle (Pierre).	Mention honorable.
Leclerc (Max) et Bourrelier (H.), Librairie A. Colin, à Paris.	Bourliaud (Félix).	Médaille d'or.
	Cartier (Henri).	— d'or.
	Chatelain (Georges).	d'or.
	Keneut (Albert).	— d'or.
	Longuépée (Henri).	— d'or.
	Létot (Eugéne).	d'or.
	Pidolle (Albert).	d'or.
Le Vasseur et Cⁱᵉ, à Paris.	Foltz.	Médaille d'or.
	Pargnien.	— d'or.
	Daufresne (Mˡˡᵉ Jeanne).	d'argent.
	Ducoup (Charles).	— d'argent.
	Favon (Henri).	— d'argent.
	Gatineau (Octave).	— d'argent.
	Laurence (Henri).	— d'argent.
	Scheffer (Jean-Baptiste).	— d'argent.
	Terteaux (Mˡˡᵉ Isabelle).	— d'argent.
Micaux (Hippolyte), Le Hàvre.	Micaux (Léon).	Mention honorable.
Monde Illustré (Le), à Paris.	Gaignesse.	Médaille d'or.
	Vignat (Georges).	— d'or.
Nathan (Fernand), à Paris.	Minhard (Eugéne).	Médaille d'argent.
	Roche (Charles).	— d'argent.
Picard (Alcide), à Paris.	Josse (Lucien).	Médaille d'argent.
	Kaan (Edmond).	— d'argent.
	Picard (Gaston).	- d'argent.
Plon-Nourrit et Cⁱᵉ, à Paris.	Duivon (François).	Médaille d'or.
	Lacroix.	— d'or.
Poulalion (J.-J.), à Paris.	Jautel (Charles).	Mention honorable.

NOM DE LA MAISON	NOM DU COLLABORATEUR	RÉCOMPENSES
POULALION (J.-J.), à Paris.	MARGANTIN (Paul).	Mention honorable.
RIVIÈRE (Marcel), à Paris.	GIBOULOT (Henri).	Médaille de bronze.
ROUSTAN (Georges), à Paris.	LUCE (Louis).	Médaille d'argent.
SAGERET (Mme veuve), à Paris.	ROUSSEAU (François).	Médaille d'argent.
SCHMID (Mme veuve Charles), à Paris.	MICOULEAU (Joachim).	Médaille d'argent.
SILVESTRE (Claude), Le Bois-d'Oingt (Rhône).	LIEUTAUD (André).	Mention honorable.
SOCIÉTÉ ANONYME DE L'ANNUAIRE DU COMMERCE DIDOT-BOTTIN, à Paris.	MESTRIES (Jean). CObr RONNE (Prosper). LAYUS (Robert).	Diplôme d'honneur. Médaille d'or. — d'argent.
SOCIÉTÉ FRANÇAISE DES GUIDES-ALBUMS, à Paris.	MARY (René).	Médaille de bronze.
SOCIÉTÉ GÉNÉRALE D'ÉDITIONS ILLUSTRÉES (PIERRE LAFFITTE ET Cie), à Paris.	PERRÉE (Louis).	Médaille d'or.
SOCIÉTÉ DE PROPAGATION DES LIVRES D'ART, à Paris.	GOTTVALLÈS (Joseph).	Médaille d'argent.
STEWART (Raoul), à Paris.	MASSON (François).	Médaille de bronze.
VERMOT (Maurice), à Paris.	BOHNER (Martin). COTARD (Léopold). MUZARD (François). CONTI (Charles). DAHL-BORDIER (Pierre). GILLES (Aurélien). PÉTAS (Mme Camille). RAPIN (Amédée). DÉZON (Pierre).	Diplôme d'honneur. Médaille d'or. — d'or. — d'argent. — d'argent. — d'argent. — d'argent. — d'argent. — de bronze.
VUIBERT ET NONY, à Paris.	PETITJEAN (Denis-Jean-Marie).	Médaille d'or.
VILLE DE PARIS : Direction du Cadastre.	FONTAINE.	Diplôme d'honneur.
INSPECTION GÉNÉRALE DES CARRIÈRES DU DÉPARTEMENT DE LA SEINE.	WEISS.	Médaille d'or.
SERVICE DU PLAN.	PETIT (J.-M.). BOUVET. LAUMONIER. BERNARD. MEJASSON.	Diplôme d'honneur. Médaille d'argent. — d'argent. — de bronze. — de bronze.

CONCLUSION

La Librairie Française et la Librairie Étrangère ne sont pas des industries concurrentes ; elles se complètent au contraire, créent entre elles une noble émulation et contribuent, chacune dans sa sphère à l'accroissement des connaissances scientifiques de toute nature ; nous n'avons donc pas à établir de parallèle entre les œuvres publiées par les deux grandes nations.

Dans l'un ou l'autre pays, les bons ouvrages, les belles publications, donnent lieu à des traductions ou des adaptations et les transactions commerciales qui en résultent sont assez considérables, soit qu'elles se présentent sous la forme de cessions de droits, soit qu'il s'agisse des questions d'illustration ; mais elles échappent à la précision des statistiques.

Nous avons constaté avec un très vif plaisir, que la Librairie Française avait acquis une grande faveur en Angleterre. Depuis deux ans nous tenons tête dans l'importation du livre étranger ; le goût de la lecture de nos ouvrages se manifeste de plus en plus et le besoin de s'instruire dans notre langue augmente visiblement ; si nous devons remercier l'entente cordiale du précieux service qu'elle nous a rendu, il nous appartient de profiter de ces heureuses dispositions pour augmenter notre chiffre d'affaires avec nos voisins ; la proximité de distance nous rendra la tâche aisée.

En Europe nous avons par des facilités de voyage ou de déplacement de nos intermédiaires toute occasion de pouvoir développer nos industries ; il n'en est pas de même pour les pays d'outre-mer où nos voisins ont un commerce considérable, et cependant dans ces contrées une faveur marquée s'attache actuellement à nos ouvrages ; depuis que nous avons poussé le cri d'alarme, depuis que par la presse et les conférences, nous avons fait la guerre à ces livres immoraux qui nous aliénaient la clientèle étrangère, l'on sent nous revenir maintenant la confiance de l'acheteur mieux instruit de nos véritables productions littéraires.

La Grande Bretagne a d'immenses possessions : l'Australie, le Canada, les Indes, pour ne citer que les plus riches. Il nous faudrait visiter ces contrées et tâcher de nous y créer des débouchés ou d'y améliorer nos rapports commerciaux déjà existants en guidant le libraire indigène, en lui facilitant le placement de nos livres.

Nous avons dans le Cercle de la Librairie, tous les éléments pour étudier, entre éditeurs libraires, les voies et moyens de faire progresser notre exportation en général ; nous avons d'autant plus droit de compter sur son initiative, sur son juste souci de défendre les intérêts de notre commerce qu'il contribuera en même temps à répandre dans le monde entier les idées de la mentalité française, à propager l'influence morale de notre nation. Et par ce qu'il a déjà fait dans le passé nous savons qu'il saura se tenir à la hauteur de ce qu'on peut attendre de lui pour l'avenir.

La Cour du Progrès. Le Palais des Machines
(By permission of Valentine & Sons Ltd)

TABLE DES MATIÈRES